大学は社会の希望か

大学改革の実態からその先を読む

江原武一

Ehara Takekazu

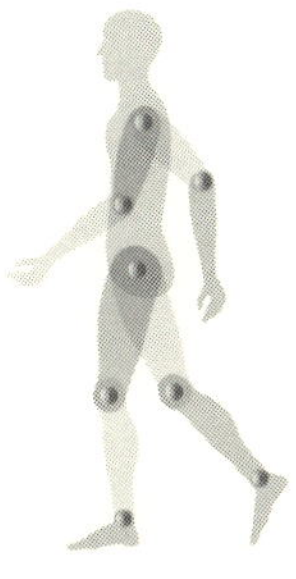

東信堂

はじめに

日本ではこの三〇年ほどの間、文部科学省が主導する形で大学政策が次々に実施され、個別の大学でもさまざまな改革が進められてきた。しかしその結果、日本の大学が望ましい方向に改善されたかというと必ずしもそうではないようだ。大学関係者の間では、大学改革に関する深刻な批判だけでなく、「改革疲れ」にともなう悲鳴やあきらめの声もよく聞かれる。

この本では、今日の日本の大学改革の特徴や課題を系統的に整理、集約するとともに、現在の改革はどのような発想にもとづいて行われているのかとか、今後の改革の方向をどのように見定めればよいのかといった、大学改革をめぐる諸問題を国際的な幅広い観点から考えることを目指している。

執筆に際してとくに考慮したポイントは次の二つである。今日の大学改革を考える際に最も重要なポイントは、一方で大学間の緊密な連携協力を推進しながら、各大学は自立的、主体的に改革を実施していく必要があることである。そしてそのためには、大学関係者、とりわけ大学教職員のなかに、八〇年代以降の日本の大学改革の歩みを幅広い視野から系統的にたどり、自らの立ち位置をあらためて確かめてみる人びとがこれまで以上に大幅に増える必要がある。

二つ目のポイントは、これまで大学が長い時間をかけて培ってきた社会的役割、つまり教養ある人間の育成や学問の自由の確立、人類の知的遺産の継承、公平無私な真理の探究、公正で平等な学習機会の拡充などといった、社会にとって重要な大学の社会的な役割を損なわないように改革を進めることである。

現在の「小さな政府」による行政主導の大学改革は、なによりも自国の経済的な国際競争力を強化するために、大学教育を改善して優れた高学歴人材を育成することを目指しているといってよいだろう。しかし大学はそれ以外にもさまざまな社会的役割を果たしてきた。そしてそうした役割を今後さらに豊かなものにするには、大学をとりまく社会的基盤をいっそう整備する必要がある。

この本にまとめた議論や提言が、日本の大学改革のあり方や改革の実際に関心がある大学関係者をはじめ、大学で学ぶ学生や保護者、それから卒業生を受け入れる社会の多くの人びとにとって、少しでもお役に立てば幸いである。東信堂の下田勝司社長のご好意とご助言により、本書を出版することができた。この場を借りて深く謝意を表したい。

二〇一四年一〇月一〇日

江原　武一

大学は社会の希望か——大学改革の実態からその先を読む／目　次

大学は社会の希望か

——大学改革の実態からその先を読む

第一章

大学改革の進展

1 日本の大学改革：再考

政府行政当局が主導する日本の大学改革

この本では、現在進められている日本の大学改革の動向をたどって、その特徴や課題を考察してみたい。現在の日本の大学改革の起点は、中曽根内閣直属の審議会として一九八四(昭和五九)年に設置された臨時教育審議会に求められる。その答申にもとづいた改革は教育制度全般を対象としており、西欧の近代教育を導入した明治初期の改革、第二次世界大戦後の教育改革との対比で、第三の教育改革ともいわれる。日本ではこのときから今日まで、実に三〇年にわたって文部科学省を中心にした政府行政当局が主導する形で、次々にさまざまな大学政策が実施されてきた。

八七年に臨時教育審議会の提言にもとづいて文部省（現、文部科学省）に創設された大学審議会は、大学院の制度的弾力化や整備充実、大学教育や学位制度の改善、高等教育の計画的整備、大学運営の活性化、大学入試の改善など、多種多様な答申や報告を公表し、それらを受けて文部省は大学関係の法規改正や各種の施策を実施した。この大学審議会は二〇〇一（平成一三）年に中央省庁等改革の一環として、省内に置かれていた他の六つの審議会とともに中央教育審議会に整理・統合され、大学分科会として再編されたが、その後も数多くの答申や報告を公表し続け、その間に行政主導の大学改革は急ピッチで進められた。

当初は全体として動きの鈍かった個別の大学でも、そうした行政主導の大学改革の大波が押し寄せるにつれて、さまざまな改革が進められるようになった。現在の大学改革の直接の契機になったのは九一年の大学設置基準などの大綱化だが、文部科学省はその後の個別大学における改革状況を、大学における教育内容等を中心に毎年調査して公表している（二〇一〇年度は東日本大震災の影響を考慮して未実施）。その結果によると、九一年以降二〇〇一年までの一〇年間に、九九％の大学はカリキュラム改革を実施し、九二％の大学は自己点検・評価を実施していた。

二〇一一年度の調査結果によれば、学生による授業評価は九三％、高等学校での履修状況への配慮（補習授業や学力別クラス分けなど）は六七％、高校生が大学教育に触れる機会の提供（オープンキャンパスなど）は九二％、キャリア教育は九五％、初年次教育は八八％、講演会形式の教員研修（ＦＤ、ファカルティ・ディベロップメント）の開催は六八％の大学が実施していた（文部科学省高等教育局大学振興課大学改革推進室、二〇一三年）。開かれた大学づくりのための組織改革についてみると、長期履修学生制度は四三％、科目等履修生制度は九五％の大学が設けていたので、全体として二〇年間の間にかなり多くの大学で改革が実施されてきたといってよいだろう。

さらにこの調査では各大学の積極的な改革を促すために、中央教育審議会答申などの提言に関連した取組の実施状況もとりあげてきた。二〇一一年度には大学の教学マネジメントに関する取組などについて新たに調査している。学部での教授会運営上の工夫として、学内の他の会議との機能分担等の関係を整理し、審議事項を精選している大学は七〇％、教授会への報告事項を事前に構成員に周知し、審議時間の確保に努めている大学は四七％であった。また大学教員の教育面における業績評価・顕彰は五八％、学部段階における学生の学修時間や学修行動の把握は三六％、研究科段階における学生の学修時間や学修行動の把握は二三％、それから学部段階における課程を通じた学生の学修成果の把握は三六％、研究科段階における課程を通じた学生の学修成果の把握は一四％の大学が実施していた。

このように統計上の数値からみれば普及度の点で違いはあるにしても、多くの大学で改革が進められてきたが、こうした大学改革の進展をどのように理解したらよいのか。また現在の改革はどのような発想にもとづいて行われており、今後の改革の方向をどのように見定めればよいのか。この本では、そうした問題を考えることを目指している。

重要な個別大学の自立的、主体的な改革

ところで国際比較の観点からみると、大学改革は日本のみならず世界各国で同時進行の形で進められてきている。その背景には激動する国際社会の大きな流れがあり、大学改革の動向を左右してきた。また日本の大学改革は日本社会に固有の歴史的な伝統や文化、政治的経済的状況などの学外の諸力によっても大きく左右されるところがある。

しかし今日の大学改革を考える際に最も重要なのは、各大学が一方で大学間の連携協力を推進しながら、自立的、主体的に改革を実施していく必要があることである。

大学教育の使命が社会で活躍する自立した主体的な人間の育成にあるとしたら、大学(短期大学と高等専門学校を含む)という職場で働く大学教職員自身も、自らの仕事を通して自立的、主体的に活動することを強く求められる。そしてそのためには、大学関係者、とくに大学教職員のなかに、八〇年代以降の日本の大学改革の歩みを幅広い視野から系統的にたどり、自らの立ち位置をあらためて確かめてみる人びとがこれまで以上に大幅に増える必要があるだろう。というのは、この三〇年にわたる大学改革によって、さまざまな制度改革が実施され、細々とした多種多様な改革の小道具も大量に大学にもちこまれてきた。しかしそうした改革のための制度的な装置や手段も、それら

を適切に活用する人びとがいなければ役に立たないからである。

　大学改革についてはさまざまな立場から論じることができるけれども、この本ではそうした観点から、日本の大学改革についてできるだけ正面から向き合って考えてみたい。大学や大学改革にかかわる深刻な問題や世間の常識から著しくはずれた大学の実情をことさら暴露したり、学外からみえにくい面や影の部分をえぐり出して紹介したりすれば、あるいは大学をめぐる数々のおもしろい話を読者に提供できるのかもしれない。それと比べると、この本の議論には退屈なところや空々しいところもたくさんあるかもしれないが、あえて正面から日本の大学改革の現状と課題を集約、整理することを試みる。

大学の社会的役割を豊かにする改革の推進

　今日の大学改革を考える際に重要な二つ目のポイントは、これまで大学が長い時間をかけて培ってきた社会的役割、つまり教養ある人間の育成や学問の自由の確立、人類の知的遺産の継承、公平無私な真理の探究、公正で平等な学習機会の拡充などといった、社会にとって重要な大学の社会的な役割を損なわないように改革を進めることである。

　現在の日本の大学改革は後述するように、なによりも自国の経済的な国際競争力を強化するために、大学教育を改善して優れた高学歴人材を育成することを目指しているといってよいだろう。しかし大学はそれ以外にもさまざまな社会的役割を果たしてきた。そしてそうした役割を今後さらに豊かなものにするには、大学をとりまく社会的基盤をいっそう整備する必要がある。

また現在の「小さな政府」の教育政策では、もっぱら国民の自助努力を活用した改革の制度的な条件整備が目指されているが、教育の分野には大学教育も含めて、障害者やマイノリティのための教育をはじめ、学ぶことが苦手な若い世代や、学習意欲のある社会人や高齢者を対象にした学習機会の整備など、その改善に公共的な配慮や制度的な保障が不可欠な領域も少なくない。さらに自助努力だけですべての問題が解決するわけではないのは、個人だけでなく大学や病院などの公共的な組織についてもいえることであり、その解決には工夫をこらした適切な制度的対応が求められている。

ところでこの本では、このように大学のあるべき姿や望ましいあり方ももちろん重視するが、それを実現するのは、主にその大学に現在所属している教職員なので、できるだけきれいごとをいわないで、彼らが実現できそうなことに言及するように努めてみたい。というのも、大半の大学教職員(私自身も当然含めて)がそれほど無理なくできるのは、大学の社会的役割である教育と研究、社会サービス(社会貢献)を、勤務している大学で能力に応じてそれなりに地道に果たすことであり、洗練された大学の将来像を想像力豊かに描くことでもなければ、職人技に寄りかかった優れた技の見せ合いを競うことでもないからである。

本書の構成

大学のあり方を左右する社会変動にはいろいろな要素が考えられるが、この第一章の後半では、とくに二つの要素、つまり⑴社会のグローバル化（グローバリゼーション）と市場化の進展、⑵国民国家の政府のあり方にみられる「大きな政府」から「小さな政府」への転換に焦点を合わせて、大学改革の世界的な動向を概観する。またそうした学外の諸力の影響を受けて、日本の大学改革は今後どのような方向へ向かうのか、その基本的方向を①大学経営の健全化、②増大する利害関係者（ステークホルダー）のニーズへの対応、③大学の多様化の進展の三つに集約して整理することにより、日本の大学改革を考える際の大まかな見取り図を提示してみたい。

第二章では、日本の大学教育の改革動向について、戦後日本の大学改革のモデルになってきたアメリカの動向を主に参照しながら国際比較の観点から分析し、その特徴や改革の条件、今後の改革の方向を整理する。大学教育は教育段階をめやすにすると、学部教育と大学院教育に分かれるが、この章では主に学部教育の改革の条件と方向に注目する。

第三章のテーマは大学の管理運営改革である。はじめに世界の大学における管理運営改革の動向を簡略に集約することにより、日本の大学における管理運営改革の方向を明らかにする。続いて、そうした国際的な動向を背景に、二一世紀に入ってからにわかに動き出した日本の大学の管理運営改革の動向と課題を、国立大学を中心に設置者別に集約してみよう。さらに大学の管理運営の改革課題として、学内における大学管理者とその他の大学構成員、とくに大学教員との関係や、日本型の実践的な大学経営組織の整備、優れた大学アドミニストレータの組織的な育成などについて、そのポイントをまとめてみたい。

アメリカやイギリスなどと比べると、形式的な評価が支配的で、市場競争の原理が働きにくい日本では、大学評価は定着しにくいのかもしれない。しかし大学評価は大学の教育研究水準の向上をはかり、その目的や社会的使命を達成するために重要な役割を果たすことを期待されている。日本の大学にふさわしい大学評価、とくに大学の自己点検・評価を中核とした大学主導の大学評価を実質的に定着させるのは、日本の大学改革にとって十分意義のあることである。第四章では、そうした観点から、日本の大学評価制度の仕組みや特徴をまとめるとともに、大学主導の大学評価にとって最も重要な大学の自己点検・評価の改革課題と今後の大学評価の改革の方向を探る。

最後の第五章では、それまでの四章にわたる考察をふまえて、日本の大学改革のゆくえを三つのポイントに分けて展望する。第一に、大学が教育や研究、社会サービス(社会貢献)などの社会的役割を主体的に果たすには、社会における大学の制度的自律性がある程度確保される必要がある。第二に、政府の大学政策のポイントは、日本社会にふさわしい明確な将来構想(グランドデザイン)にもとづいた大学政策を立案し、着実に実施していくことである。第三に、現在の大学改革では政府の大学政策も重要だが、それと同時に、個別の大学における自立的、主体的な大学改革が強く要請されている。各大学はその理念や改革の基礎になる手持ちの資源や条件をふまえて、自らにふさわしい改革を独自に進める必要がある。

2　社会変動と大学の変容

大学と国民国家、市場との関係

大学のあり方を左右するさまざまな社会変動のうち、とくに二つの要素、つまり(1)社会のグローバル化(グローバリゼーション)と市場化の進展、(2)国民国家の政府のあり方にみられる「大きな政府」から「小さな政府」への転換に注目してみると、日本の大学はそうした学外の諸力の影響を受けてどのように変容してきたのか、そして今後どのような方向へ向かおうとしているのか。この社会変動と大学の変容との関係を、未来に希望のもてる大学像を想定しながら、できるだけ普遍的な言葉で探ることから、この本の議論をはじめてみよう。

ところで歴史的にみると、社会変動の要素として注目する国民国家と市場との関係自体も、一九七〇年代を境に世界的な規模で大きく変わってきている。大学組織に対する国民国家や市場のインパクトを考察する前に、両者の間にみられる関係の変化をあらかじめ整理しておこう。

二〇世紀の一〇〇年間にわたる国民国家と市場との関係をたどったヤーギンとスタニスローの

『市場対国家』によれば、それは経済の管理を国民国家、つまり中央政府の指導で行うのではなく、市場のみえざる手にゆだねる方向への変化である。二〇世紀の大部分の期間、国民国家は以前なら市場に任されていた部分に勢力を拡大し、次第に大きな役割を担うようになった。その背景にはいくつもの革命があり、二度にわたる世界大戦があり、大恐慌があった。第二次世界大戦後、各国の国民が福祉の向上を求めたり、進歩と生活水準の向上を追求したり、公正と公平を求めたりするようになったこともその背景にはある。そしてなによりも市場に対する根強い不信感があり、国民国家は一九七〇年代までに国民に対する責任と義務の範囲を大幅に拡大し、経済の再建と現代化、生活水準の向上、機会の提供、公正な社会の建設などを実現することを期待されたのである。

ところが一九七三年のオイルショックを契機に世界経済が低迷すると、国民国家による経済の管理に失望したり疑問視したりする見方が広まり、中央政府の役割に対する信認も大幅に薄れるようになった。中央政府の財政負担が重くなりすぎてその管理能力を超えるようになったり、政府債務残高と財政赤字が膨張しすぎたり、インフレが慢性化するようになったからだ。そのため市場重視への変化が世界的な規模で起こり、競争や市場開放、民営化、規制緩和などが経済についての考え方の主流になる時代が到来した。

中央計画経済を強力に進めてきた旧ソ連が崩壊したこともその背景にはあるだろう。さらに経済のグローバル化にともなって、国境や時間帯の壁は九〇年代以降いっそう無意味になり、世界が二四時間常に結ばれるようになったため、中央政府が経済を指導する従来の体制では世界市場の現実にますます対応できなくなってきた。

しかしそうした市場の勝利の時期もアジアの通貨危機（一九九七年）を契機に終わりを告げ、市場の試練の時期が世界的に訪れたという。今日では国民国家と市場との関係があらためて見直されるようになり、そのバランスをどのようにすればよいのかが問われているのである（ヤーギン・スタニスロー、二〇〇一年、上四―六、一六―二〇、二七―二九頁）。

日本についてみると、七〇年代のエネルギー危機は日本経済にとって一時的な後退をもたらしただけで、八〇年代初めには力強く回復した。技術面の急速な調整によって、エネルギー集約型の経済から知識集約型の経済に移行し、効率性が重視されるようになったからだ。ところが九〇年になって日本経済のバブルは破裂する。さらに九二年に日本経済は不況に陥り、高度経済成長がはじまって以来、最も深刻な経済危機に直面した。日本にとって九〇年代は「失われた一〇年」になった。さらに最近では「失われた二〇年」がささやかれている。

この間の日本国民の国民国家と市場に対する考え方の変化をみると、彼らは経済の先行きがみえなくなっており、政府が彼らの経済的利益を守ることができなくなったと感じている。たしかに高度経済成長期以降日本は圧倒的な競争力をつけ、生活水準も予想を超えて大幅に高まったが、経済の管理を中央政府の指導で行う時代はすでに終わったと感じているのである。ただし経済の管理を市場のみえざる手にゆだねる方向への変化が全体としてみられるにしても、その一方で日本国民がもっと開かれた市場、競争のいっそう激しい市場を積極的に受け入れようとしているとは限らない。そうした市場のもとでは、不確実性がさらに高まり、安全が脅かされかねないからである。

この経済の管理をめぐる国民国家と市場との戦いは依然として流動的であり、日本社会にふさわしい両者の新しいバランスをどのように生み出すかが問われている。ヤーギンとスタニスローは、日本が新しい考え方を受け入れ、国民国家と市場の新しいバランスを受け入れる姿勢をもたなくてはならないこと、さらにそれに日本国民の勤勉と規律が加われば、日本経済は活力を取り戻すことができるし、日本の制度と日本の将来に対する国民の信認を回復することもできると予想したが、先行きが未だに不透明なことに変わりはない（ヤーギン・スタニスロー、二〇〇一年、上四、三三七—三三八、三五三頁）。

社会のグローバル化の進展

大学のあり方を左右する社会変動のうち、一つ目の社会のグローバル化とは、モノやカネ、ヒト、情報などに代表される人間の諸活動が次第に国民国家の国境を越えて交流したり流動化したりして、ついには国民国家の拘束を離れて独自の展開を示すようになる過程を指す言葉である（江原、二〇一〇年、八—一〇頁）。

この社会のグローバル化は、個別化よりも普遍化、標準化の方向へ、また多元化よりも一元化の方向へ社会や大学のあり方を変えるように作用する。各国の社会や大学には共通する特徴もたくさんあるが、違っているところも少なくない。ところが社会のグローバル化によって、そうした一つ一つの国民国家や文化による違いが少なくなり、世界共通の特徴がみられたり、社会や大学のあり方を考えるときの基準や次元も複数ではなくて一本化され、国際標準や国際水準などが設けられたりするようになる。

また社会のグローバル化は実際には、経済や政治、文化、思考様式などにおける西欧流の近代化（モダニゼーション）、とくにアメリカ化（アメリカナイゼーション）が地球規模で世界全体に波及することを意味する。近代社会や近代大学の仕組みやあり方は、一八世紀後半の産業革命やフランス革命の後、主にイギリスやフランス、ドイツなどの西欧諸国を中心に発展してきた。資本主義経済や政治的民主主義、近代科学、客観的・合理的な思考様式などは、このときから重視され発展するようになったが、社会のグローバル化は（やや極端にいえば）、この西欧流の近代化が世界全体に地球規模で広がることを意味する。とくに第二次世界大戦後は、西欧流の近代化をふまえて独自に発展したアメリカ流の近代化が大きな影響力をもち、国境を越えて世界中に広がるようになった。

社会のグローバル化の進展をもう少し具体的にみると、次のようにまとめられる。たとえば経済のグローバル化についてみると、企業の生産過程や経営様式、意思決定の仕組みなどが国境を越えて世界に伝搬した。ＩＢＭやマイクロソフト、それからＧＭやトヨタなどの自動車会社といった、国境を越えて複数の国で経済活動をする多国籍企業も活躍するようになった。

一九八九年にベルリンの壁がなくなり、九一年に旧ソ連が崩壊した後は、アメリカ流の資本主義経済をベースにした経済体制がいっそう世界各地に広がり、経済体制の一元化も進んでいる。このような経済のグローバル化が進んだため、各国の経済はますますグローバルな経済活動の影響を受けるようになってきている。また欧州連合（ＥＵ）とか米州自由貿易地域（ＦＴＡＡ）などの新しい貿易圏が生まれた。世界銀行や世界貿易機構（ＷＴＯ）などの国際機関も各国の経済に大きなインパクトを及ぼしている。

ところで社会のグローバル化は、こうした経済の領域だけでなく、政治や文化の領域でも確認できる。大学のあり方を左右する社会変動の二つ目の要素として次にとりあげる「大きな政府」から「小さな政府」への転換は、アメリカやイギリスといったアングロサクソン文化圏における政府のあり方の転換が、国境を越えて他の国ぐにでもみられるようになった現象であり、政治の領域におけるグローバル化だといってよいだろう。

文化の領域におけるグローバル化のなかで大学との関連でとくに重要なのは、大学で発見・統合・応用・教育する知識の考え方やあり方が変わってきていることである。数学や物理学、工学や農学、医学、政治学や経済学、それから哲学や文学などの近代科学は、もともと西欧で発達したものが各国に移植された。この近代科学では従来、社会にとって役に立つ応用的な研究よりも、専門分野の発展のために行う基礎的な研究が重視されてきた。ところが一九八〇年代以降は、基礎的な研究よりも応用的な研究が強調されるようになってきている。もっともドイツで生まれた近代大学でも、実際には社会の発展にとって役に立つ物理学や化学、医学などの新興の近代科学が重視されていたので、そのような知識の考え方やあり方が八〇年代以降、再び強調されるようになったという方が正確である。

こうした社会のグローバル化にともない、大学のグローバル化も進展し、国境を越えた高等教育の提供と質の問題が、最近世界的に注目されるようになった。その直接の契機は、九五年に世界貿易機構が発足した際に、サービス貿易に関する一般協定(GATS)が作成されたことである。この協定によりモノの貿易だけでなく、金融・情報・通信などのサービスの貿易を対象にした貿易自由化も促進され、各国の教育サービスとしての大学教育のあり方に大きな影響を及ぼすようになった。大学教育はグローバル商品として位置づけられるようになったのである(北村・杉村、二〇一二年、六頁)。

たとえば欧州連合では、加盟国の経済的生産性を教育と研究の充実により維持・向上させることを目指して、「欧州高等教育圏」の構築や域内外の学生・大学教員などの人的交流が進められてきた。高等教育の質保証をめぐる問題への対応も積極的にはかられている。また大学のグローバル市場への進出が盛んなアメリカでは、「米国競争力イニシアティブ」(二〇〇六年)をはじめ、大学の国際競争力強化を目指すさまざまな取組が連邦政府主導で実施されている。

アジア・オセアニアの国ぐにも、大学のグローバル化への対応に国を挙げてとりくんできた。留学生の受け入れやオフショア・プログラムによる高等教育の輸出を積極的に進めるオーストラリア、ツイニング・プログラムや学外学位プログラムといった国際的な教育プログラムを矢継ぎ早に開設するマレーシア、世界水準の大学構築を目指した大学政策を推進する中国と韓国など、各国の動向には目をみはるものがある。こうした国境を越えた高等教育の展開に対応するために、日本の大学政策でも「国際化拠点整備事業(グローバル三〇)」や「グローバルCOEプログラム」、「大学院教育改革支援プログラム」などが実施されている。

その他に、これまで国民国家の内部に集中していた教育に関する意思決定や管理運営が、欧州連合や東南アジア諸国連合(ASEAN)などの国境を越えた国家連合組織とか、市場や非公式の世界的ネットワークなどの超国家的な組織へ拡散してきているのも、大学のグローバル化の大きな特徴である。大学教育の成果や教育達成水準を測定したり、学歴や学位の形で明示したりする方法も国民国家の統制を超えて、国際的な観点から設定する動きがみられるようになった(ローダー他、二〇一二年、六三―六四頁)。

「小さな政府」の大学政策

大学のあり方を左右する二つ目の社会変動は、世界各国の政府の役割が八〇年代以降、「大きな政府」から「小さな政府」に変わったことである。「大きな政府（ビッグ・ガバメント）」とは、政府の権限を拡大し、政府が指導的な役割を果たすことによって、貧困や失業などの社会問題を解決したり、国民の安全の確保や教育の普及などの公益の実現を推進したりする政府である。典型的な政府像としては、社会主義国家や福祉国家の建設を目指す政府を想起すればよい。

それに対して「小さな政府（スモール・ガバメント）」とは、政府の権限を縮小し、国民のやる気や競争心を活用することが国民国家の発展にとって役に立つという立場から、国民の自助努力や市場競争の原理などを重視する新保守主義（新自由主義）の考え方にもとづいた政府である。

なお「市場競争の原理」とは、人間の諸活動、とくに経済活動は特定の商品に対する需要と供給が相対して価格と取引量が決定される市場（マーケット）における競争によって左右されており、しかもそれが基本的に望ましいとみなす考え方である。しかし市場のもつ機能は完全なものではないので、政府の介入により市場競争がもたらす諸問題の解決を目指すことが、「大きな政府」の基本的な方針だった。それに対して「小さな政府」は、国民の自助努力を社会発展の原動力として積極的に評価するとともに、政府による市場への過度の介入を抑制し、政府規制の緩和や税制改革などにより競争促進を目指す政府である。

この「大きな政府」から「小さな政府」への転換は、七〇年代以降先進諸国の経済が停滞すると、その賛否をめぐって社会的な論議をまきおこしたが、具体的にはイギリスのサッチャー首相の保守党政権やアメリカのレーガン大統領の共和党政権によって始められた。その後オーストラリアやカナダなどの英連邦諸国をはじめ、ドイツやフランスなどの西欧諸国、日本や韓国、中国、台湾といった東アジア諸国、東南アジア諸国など、世界の多くの国ぐにでも「小さな政府」による国家政策が実施されるようになった。なお日本では、この「小さな政府」による国家政策は中曽根内閣(一九八二―八七年)によって始められ、小泉内閣(二〇〇一―〇六年)を経て第二次・第三次安倍内閣(二〇一二年〜)まで、その間にたとえ政権政党の構成が変わることがあっても、引き続き実施されてきている。

そのため各国の大学政策も、「小さな政府」の考え方にもとづいて行われるようになり、現在の大学改革では、政府の大学政策も重要だが、個別の大学における大学改革が強く求められている。この個別大学のレベルでは、各大学がその理念や改革の基礎になる手持ちの財源や施設設備、人的資源などをふまえて、自らにふさわしい改革を独自に進めることが目指されている。たとえば日本の大学政策についていえば、政府も日本の大学全体のことを考えて改革を進めるが、中央集権的な大学行政のあり方を分権化し、大学に対する規制も緩和するから、各大学は政府や公的資金に頼らないで、自助努力により大学改革をしてほしいという方針である。

この「小さな政府」の大学政策は、大学における教育と研究を充実して国家の経済的生産性を維持・向上させることを目指している。もともと経済学では、経済発展には天然資源と資金力が重要だという考え方が主流であった。しかし最近では、それよりも科学技術力の向上や高学歴人材の育成の方が経済的生産性を支える要因として重視されるようになった。

そのために各国の政府は大学制度全体に対して、(1)先端的な科学技術の研究開発の推進と、(2)高学歴人材の育成を要請している。このうち後者の高学歴人材の育成は、①高等教育レベルの教育機会をできるだけ開放して、国民全体の基礎学力を向上させ、労働力の質を高めるための「人的資源の全般的な底上げ」と、②先端的な科学技術の研究と開発を推進するための「先端的な人材の育成」という、二種類の人材育成を含んでいる。

ところが個別の大学レベルでみると、それぞれの大学はこれらの要請をすべて達成できないから、大部分の大学は次第に、できるだけ多くの学生を受け入れて教育することを目指す「教育重視型大学」と、優秀な学生を受け入れて先端的な人材を育成するだけでなく、先端的な科学技術の研究と開発も推進する「研究重視型大学」の二つのタイプに大きく分化すると予想される。

また各国の政府は、一方で、大学に対する規制を緩和して、大学の自助努力を促すとともに、他方では、大学に投入する公財政支出を増やさずに、大学間の競争にもとづいて効率的に資金配分する方針など、市場競争の原理を重視しているため、高等教育の市場化が著しく進むようになる。各大学はそうした状況のなかで、外部資金の確保や大学組織の合理的・効率的運営などの自助努力により、大学経営を健全にすることを求められている。

大学改革の基本的な方向

このような学外の厳しい環境変化に対応して、今後の大学改革では三つの方向、つまり①大学経営の健全化、②増大する利害関係者のニーズへの対応、③大学の多様化がいっそう進展すると考えられる。

大学改革の基本的な方向の一つ目は、日本を含めてどの国でも、今後は設置者に関係なく、国公立大学も私立大学も、健全な大学経営を支える資金を確保するために自助努力したり、大学組織を合理的・効率的に運営したりすることを強く求められるようになるということである。その結果、大学は企業に似た管理運営組織をもつように変わると予想される。民間の企業と同様に、大学経営が健全でなければ、その大学は倒産したり、他の大学に統合されたり合併されたりする恐れがあるからだ。「大学経営」の時代の到来である。

改革の方向の二つ目は、各大学は自分の大学に関係のある利害関係者(ステークホルダー)、つまり大学が行う教育や研究、社会サービス(社会貢献)といった諸活動に対して利害関係をもつ人びとや組織の要求や要望に対して、いっそう配慮しなければならなくなると予想されることである。たとえば大学教育の教育課程(カリキュラム)の改革では、顧客である多様な学生のニーズに敏感に対応した改革がいっそう進行する。卒業後の社会生活で役に立つ実利的な科目が増えたり、専門分野としては重要でも、学生に人気のない人文科学や社会科学系の科目は廃止されたりする恐れがある。
また大学と社会、とくに市場競争の原理が支配的な産業界との結びつきはこれからますます強化されるので、大学は学生市場や大学教員市場に加えて、産業界の労働力需要や外部資金など、学外の市場との関係改善をいっそう要請されるようになる。そのため教育面では、企業が求めるすぐに役に立つ即戦力の人材の育成が重視され、研究面では、基礎的な研究よりも産業上の応用や特許と結びついた研究が重視されるようになり、産学協同のベンチャービジネスなどが盛んになると考えられる。

さらに政府も大学をめぐる重要な利害関係者の一つだが、アメリカや日本をはじめ、どの国の政府も公財政支出により大学支援を行うときには、すべての大学を平等に扱うのではなくて、投資効果のある大学に重点的に資金を投入するようになる。日本の大学政策についてみると、一九九一年から開始された大学院重点化政策をはじめ、九六年に策定され、二〇〇一年から第四期が開始された「科学技術基本計画」による科学技術活動への重点投資政策なども同じ方向を目指しているといってよいだろう。この他にも文部科学省は、「二一世紀COEプログラム」や「特色ある大学教育支援プログラム」などを皮切りに、第三者評価にもとづいて競争的な公的資金配分を行うさまざまなプログラムを実施してきている。

大学改革の三つ目の方向は、日本を含めてどの国でも、国内の大学制度は全体としてこれまでよりもはるかに多様化すると予想されることである。たとえば教育重視型大学のなかには「隙間(ニッチ)」志向の大学、つまり大学の規模が比較的小さくて、社会的な知名度も低いけれども、その大学の長所や持ち味を生かして、大学産業界でその大学にふさわしい適所を得ようとする大学が数多く生まれると考えられる。

多種多様な特色のある大学が数多く生まれて、日本の大学制度が全体として多様化することは、それ自体望ましいことである。ただしそれと同時に、大学教育の質の保証や内容の標準化をはかることも、今後重要な課題になると予想される。それは各大学にとってももちろん解決すべき重要な課題だが、日本私立大学連盟や国立大学協会などの大学タイプ別の大学連合組織、大学基準協会や短期大学基準協会、大学評価・学位授与機構などの適格認定協会などが大学と連携したり協力したりして、日本の大学教育の質の維持・向上に積極的にとりくむことが強く要請される。

第二章 大学教育改革の条件――学部教育を中心に

1 大学教育改革の見取り図

あいまいな大学教育のイメージ

もう四〇年以上も教師稼業をしてきたが、相変わらず授業をするのは苦手で、学生さんと接するときには今でも毎回緊張する。勤務先の教育開発推進機構は教員研修（ＦＤ）も担当しているので、そんなことをいっているわけにはいかないのは承知している。ところが日本の大学教育の改革では最近、授業科目ごとにシラバスを書くとか、半期二単位の授業では一五回授業をするとか、毎回出席をとればそれで済むわけではないとか、小手先の窮屈さが目立つようになってきているようにみえる。大学教育の改革を実質的に進めるには、大学教員や学生の行動や考え方などの特徴がよく分かり、それにもとづいて細部にまで目配りの効いた大学教育の仕組みを、目にみえる形で用意するのはもちろん大切なことである。

しかしその前にしなければいけないのは、日本の大学教育、なかでも学部教育のあり方や改革の条件を明確にすることなのではないか。この第二章「大学教育改革の条件―学部教育を中心に」では、そうした観点から、大学教育改革の条件について整理し、実質的な改革をするための見取り図を描いてみたい。はじめにその全体のイメージを大まかにまとめておこう。

大学教育の実質的な改革を進めるには、なによりもまず大学教育という言葉の意味を明確にする必要がある。そのために、ここでは後でも述べるように、「大学や短期大学などで行われる教育課程(カリキュラム)として明示された正式の教育」を「大学教育」と定義する。この大学教育を①教育段階(学部教育と大学院教育)と②大学教育の内容(教養教育と専門職業教育)の二つのめやすで区分すると、学部教育の改革では、教養教育と専門職業教育の意味をはっきりさせるとともに、教養教育と専門職業教育の具体的な内容や位置づけ、バランスなどをどのようにすればよいのかということが問題になる。

教養教育という言葉は時代や論者によってさまざまな意味をこめて使われてきた。ここでは教養教育を、高度な専門的人材や広い意味での社会的な指導者として将来活動することを期待されている学生に、それにふさわしい基礎的な学力や教養を身につけてもらうための教育と定義して使うことにする。学生はこの教養教育で特定の専門分野や職業にとって不可欠な幅広い学問領域を体系的に学ぶことにより、幅広さと一貫性を備えた知識や技能、態度を身につけ、「教養ある人間」として成長することが期待されている。日本の大学で教養教育を構成するのは、従来の一般教育や外国語教育の科目、多くの大学で現在教養科目や全学共通科目として開講されている教育などである。

それに対して専門職業教育は、教養教育を学んで基礎的な学力や教養をすでに身につけた学生に、特定の専門分野や職業と直接関連した知識や技能、態度を身につけてもらうための教育である。この専門職業教育を構成するのは、学部教育の職業教育や専門教育、専門の基礎的教養となる教育、あるいは大学院教育で開講される特定の専門分野の研究者を育成するための教育や、専門職を育成するために法科大学院等の専門職大学院が提供する教育などである。この二つの言葉の定義からも分かるように、教養教育という言葉は職業教育や専門教育、専門職教育などと区別された大学教育を意味する言葉として使われている。

ところで戦後日本の大学教育の改革を国際比較の観点からたどってみると分かるのは、日本の学部教育でも、その中心になるのは専門職業教育であり、教養教育ではないということだ。これはアメリカの学部教育でも同じである。世界の大学のなかで教養教育を学部教育の教育課程にくみいれているのは、アメリカの大学と戦後の日本の大学、それから韓国やフィリピン、カナダなどの大学くらいで、イギリスやドイツ、フランスの大学をはじめ、ロシアや中国、オーストラリアの大学など、圧倒的多数の国ぐにの大学は専門職業教育しか、これまで提供してこなかった。というのは、それらの国ぐにでは戦前の日本と同じように、学生は大学に入学する前の高校までの中等教育で教養教育を修得してから、大学では専門職業教育を学ぶのだと考えられているからである。これらの国ぐにで教養教育の必要性が論じられたり、試験的に導入されたりするようになったのは、大学進学者が大幅に増え始めたごく最近のことなのである。

学部教育に欠かせない教養教育

そのため日本の学部教育の改革では、なぜ教養教育が大切なのかを十分に理解する必要がある。私も日本の大学教育、とくに学部教育にとって教養教育は不可欠な要素だと考えている。また専門職業教育はもとより教養教育の具体的な内容や水準なども、実際に現在各大学に勤務している大学教員がそれほど無理なく担当できるようなものであることが求められる。

学部教育にとって教養教育が欠かせないのは、今日の学生は、この教養教育により特定の専門分野や職業にとって不可欠な幅広さと一貫性を備えた知識や技能、態度を身につけることを期待されているからである。これはどの大学についてもいえることだが、学生のなかには、義務教育後に高校で三年間よけいに学んだのに、基礎学力の面でも教養の面でも、将来大人として社会で活躍するための能力を自立的、主体的に獲得できそうにない者が結構いるようにみえる。日本のどの大学も現在、そうした「半大人」の学生を受け入れ、在学中にそれなりに大人にして、社会に送り出す機会を確実に提供することを求められている。

したがって教養教育の中心はあくまでも、多くの大学で教養科目や全学共通科目として開講されている、近代科学の成果であるさまざまな専門分野の知識や技能にもとづいた教育である。しかしそれに加えて、日本の学部教育では、学生が専門職業教育を学ぶのに必要な語学教育や健康・スポーツ教育などの共通基礎教育科目、専門基礎教育科目の他、新入学生が大学生になることを支援する初年次教育科目や補習教育科目なども、思い切って教養教育の科目に正式に含める時期にきているのではないか。

それからこの教養教育を担当するのは、各大学で現在実際に働いている、生身の大学教員だということも、大学教育の改革を考える際には非常に重要な条件である。私もその一人だが、専門分野のことしか分からない、世間知らずの大学教員が、しかも能力の面でも必ずしも優秀ではないし、人間の出来としても必ずしも魅力があるわけではない、ごく普通の標準的な大学教員がそれほど無理をしないで教えられる教養教育は、どのような教養教育なのかという観点から、各大学の学部教育のあり方や内容、水準、方法などを考える必要がある。

そしてその際に学部教育の内容や構成、水準を適切なものにするのはもちろん大切なことだが、それらを学習者としての学生にどのように提供すればよいのか、その教育方法の問題にも注目する必要がある。というのも、同世代の半分を超える人びとを学生として受け入れるようになった現在の学部教育では、大学教育は彼らの学習が成立するように支援する「学習への援助」として位置づけられるからである。学習そのものは学習者自身によって行われるが、教育はそうした学習への動機づけをしたり、学習意欲を喚起したり、学習機会を整備したりすることにより、学習者としての学生の学習過程を支援することを意味するのである。

こうした立場からみると、各学部の専門職業教育の授業は、学部所属の専任教員ならば当然できるはずだが、改革のポイントの一つは、教養教育の授業の一部も学部所属の専任教員に正式に担当してもらうことである。日本の大学教員は特定の専門分野の研究と教育がそれなりにできるから、各学部で採用されたはずだ。ご本人が現在興味と関心のある研究テーマとか、学生に伝えてみたい内容は専門分野のなかではかなり狭い領域なのかもしれないが、それなりに深い内容のものだと考えられる。しかも自分が現在研究している研究テーマが本物ならば、その背景になる専門分野の概論を十分に理解しているはずなのである。

それゆえどの大学のどの学部の大学教員も、自分の専門分野に関連した一科目か二科目の概論を、教養教育科目として、他学部の学生も含めた自分の大学の初学者の学生に分かりやすく、彼らが興味と関心をもてるように教えられるのではないか。そしてその授業は大学の学部の枠を超えた全学的な教養教育のなかでも、その大学の学生にとって重要で魅力のある中心的な科目になるのではないかと思う。

今日の日本の大学の学部教育では、同世代の半分を超える多様な人びとが学ぶようになった。そうした新しい時代にふさわしい教養教育と専門職業教育を、目の前で学んでいる学生のために、自前の人的・物的資源をふまえてどのように構築して、どのように提供すればよいのかを、どの大学も緊急の解決すべき課題として鋭く問われているのである。

2　大学教育の構造

大学教育の分類：学部教育と大学院教育

今日では、大学は高等教育の大衆化にともない、大学教員中心の研究重視機関から学生中心の教育重視機関へ移行し、大学教育をそれにふさわしいものに改革することを強く求められている。日本では一八歳人口が今後も長期的に減り続けるため、大学が学生を確保しようとすればますます多様な学生を受け入れることになり、大学教育の改革はいっそう必要になる。

ところがこれまでの改革では、大学教育のイメージが非常にあいまいなまま、改革論議や提言、実際の改革が行われてきたように思われる。幅広い社会的な関心や支持をえて、実質的な改革を進めるには、なによりもまず大学教育のイメージを明確にしなければならない。

この第二章では、日本の大学教育の特徴や改革の方向を主にアメリカの動向を参照しながら、一つの分析の枠組みで整理することを目指している。そのため範囲がやや狭くてあいまいな定義になるが、「大学や短期大学などで行われる教育課程（カリキュラム）として明示された正式の教育」を「大学教育」と定義する。

大学教育という言葉の意味を明らかにする際に重要なポイントになるのは、①教育段階を考慮して、大学教育を学部教育と大学院教育の二つに区分することと、②大学教育の内容を教養教育と専門職業教育の二つに区分することである。

はじめに大学教育を教育段階に注目して、大学や短期大学などの学部段階で行われる教育を総称する「学部教育」と、大学院段階の修士課程や博士課程などで行われる教育を総称する「大学院教育」の二つに区分する。学部教育に相当する英語は、アンダーグラデュエイト・エデュケーション、大学院教育に相当する英語は、グラデュエイト・エデュケーションである。

なお修了者の取得する学位に注目して、学部教育の代わりに、四年間の学部教育を「学士課程教育」と称する方式もある。ところがそうすると、短期大学の提供する教育を短期大学士課程教育といったり、大学院教育を修士課程教育とか博士課程教育などに区分したりする必要があるので、場合によっては議論がかえって煩雑でまぎらわしくなる恐れがある。また政府の方針では、日本でもアメリカでも、専門学校を高等教育に含めるようになってきている。それにならって、専門学校を高等教育に含めるとしたら、その教育をどのような課程教育と呼ぶのかといった問題も出てくるのである。

もちろん議論によってはそうした課程の区分が重要な場合も当然あるが、それよりもここではごく大まかに、学部教育と大学院教育の二つに分けておけば十分だろう。というのも、日本の近代大学の歴史をたどってみても、日本の大学改革に大きなインパクトを与えてきた「大学のアメリカ・モデル」の展開過程をたどってみても、学部段階の高等教育と大学院段階の高等教育との間には、大学教育のあり方だけでなく、制度の仕組みや組織の構造の面などでもかなり大きな違いがあるからだ。

教養教育と専門職業教育の区分

次に大学教育の内容に注目すると、大学教育は「教養教育」と「専門職業教育」の二つに大きく分かれる。教養教育という言葉も、時代や論者によってさまざまな意味をこめて使われてきた。しかしここではすでに述べたように、教養教育を高度な専門的人材や広い意味での社会的な指導者として活動することを期待されている学生に、それなりにふさわしい基礎的な学力や教養を身につけてもらうための教育と定義して使うことにしたい。

今日の学生は、この教養教育で、特定の専門分野や職業にとって不可欠な幅広い学問領域を体系的に学ぶことにより、幅広さと一貫性を備えた知識や技能、態度を身につけ、「教養ある人間」（エデュケイテッド・パーソン）として成長することが期待されている。なお理想的な教養のある成人の資質がどのようなものであっても、大学の教養教育が目指している「教養」は、その主要な部分だが一部にすぎないのである。別の言葉でいえば、教養教育を実質的に改革するには、無理に欲張らないで、その目的や効用の範囲を明確にし、大学教育に固有の強みと制約を考慮して実施する必要がある。この日本語の教養教育に相当する英語をあえて探せば、リベラル・エデュケーションということになる。

日本の大学教育で教養教育を構成するのは、従来の一般教育や外国語教育の科目、あるいは現在多くの大学で教養科目や全学共通科目として開講されている教育などである。またアメリカの歴史と伝統のある教養カレッジや、威信の高い研究大学の文理系学部カレッジが提供する四年間の学部教育は、こうした教養教育の色彩が相対的に濃い教育である。

それに対して、専門職業教育はすでに基礎的な学力や教養を身につけた学生に、特定の専門分野や職業と直接関連した知識や技能、態度を身につけてもらうための教育である。この専門職業教育を構成するのは、学部教育に含まれる職業教育や専門教育、それから専門の基礎的教養となる教育、あるいは大学院教育で開講される特定の専門分野の研究者を育成するための教育や、ロースクールやメディカルスクールなどの専門職大学院が提供する、専門職を育成するための教育などである。

なお専門職業教育（ボケイショナル・プロフェッショナル・エデュケーション）という言葉をわざわざ使うのは、学部段階の職業教育や専門教育、それに大学院段階の職業教育や専門教育、専門職教育などを一括してあらわす必要があるからである。

この二つの言葉の定義からも分かるように、教養教育という言葉は職業教育や専門教育、専門職教育などと区別する意味で使われている。現在の大学教育の改革で求められているのは、この教養教育と専門職業教育によって構成される大学教育を、学部教育と大学院教育に区分して、どのように再編成するのかということである。もっとも大学院教育では主に専門職業教育が行われるので、当面の基本的な課題は、学部教育における教養教育と専門職業教育の内容や位置づけ、バランスをどのようにすればよいのかという問題になる。

3　大学教育改革の歴史をふりかえる

アメリカ・モデルによる戦後大学改革

それでは大学教育の改革、特に学部教育の改革をどのように考えたらよいのか。そのために第二次世界大戦後から今日までのほぼ七〇年間の日本における大学改革の歩みを、ごく簡単にふりかえっておこう。

日本の教育制度は第二次世界大戦後、連合国の占領下に抜本的に改革された。第二次世界大戦後の日本の大学改革の歩みは大きく、「戦後大学改革期」(一九四九—一九五五年)、日本独自の展開を試みた「展開期」(一九五六—一九八四年)、それから一九八五年以降の「転換期」の三つの時期に分けることができる。現在の日本の大学制度の基本的な枠組みは、戦後大学改革によって形成されたものである。なお戦後大学改革期と展開期を区分する年である一九五六年は、日本の経済の高度成長が始まった時点であり、大学政策では「大学設置基準」が文部省令として公布された年で、日本独自の大学改革が進められた展開期の出発点にあたる年でもある。

また一九八四年は臨時教育審議会が設置された年で、現在の転換期の大学改革が始まった年である。このときから数多くの答申や報告が公表され、それらを受けて矢継ぎ早に大学政策が実施されてきた。とくに一九九一年には大学設置基準などが大綱化され、大学教育のあり方は大きく変わることになった。なお一九九一年というのはバブル経済が崩壊した年でもあり、最近では「失われた二〇年」ともいわれるが、このときの痛手から日本の経済はまだ立ち直っていないといってよいだろう。

ところで戦後教育改革の大きな特徴の一つは、アメリカの教育の影響を強く受けて改革が実施されたことである。大学改革でも一般教育や単位制、課程制大学院、大学の適格認定(アクレディテーション)など、それまで日本の大学にとってあまりなじみのない異質の要素がいくつもとりいれられた。

そうした大学のアメリカ・モデルの影響の一端を確かめるために、一九五六年に文部省令として公布された「大学設置基準」の規定により、学部教育の教育課程の構成を整理してみると、次のようにまとめられる。この大学設置基準は戦後大学改革期の大学教育改革の成果であるとともに、日本の独立後、文部省(現、文部科学省)を中心に独自の行政主導の大学改革が進められた、展開期の出発点における学部教育の教育課程の構成も示している。

大学設置基準によれば、大学で開設すべき授業科目は一般教育科目、外国語科目、保健体育科目、専門教育科目の四つに分けられる。そのうち一般教育科目は、その内容により人文科学、社会科学、自然科学の三系列に分けられ、系列ごとにそれぞれ三科目以上、全体として一二科目以上の授業科目を開設するものとされていた。

大学の卒業要件は、大学に四年以上在学し、一二四単位以上を修得することである。修得単位は授業科目別に定められており、一般教育科目については、三つの系列ごとにそれぞれ三科目以上一二単位、合計九科目以上、三六単位を修得し、外国語科目については、一種類の外国語の科目八単位、保健体育科目については、講義および実技四単位を修得しなければならない。また専門教育科目については七六単位以上の修得が求められていた。

このような構成をみると、日本が戦後大学改革で導入した学部教育の教育課程は、その当時のアメリカの典型的な学部教育の教育課程と形式的にかなり似ていることが分かる。修業年限はどちらも原則として四年間であり、一般教育は人文科学、社会科学、自然科学の三分野によって構成されていた。科目履修に際して必修科目とともに、自由選択科目が設けられているのも日米共通であった。

また日本でもアメリカでも、学生の多くは卒業までに卒業要件以上の単位を修得するので単純に比較できないが、日本の学生の場合、アメリカの「専攻(メジャー)」に相当する専門教育の卒業要件は七六単位以上だから、一二四単位の六一％を占めていた。三六単位の一般教育は一二四単位の二九％を占めており、これにアメリカにならって、さらに外国語や保健体育などを教養教育に含めると、その比率は三九％になる。それゆえ、実際の教育内容や授業のあり方などには違いがあるにしても、日本の大学はアメリカ・モデルの影響を強く受けて、学部教育の教育課程を改革したと考えられる。

展開期(一九五六―一九八四年)の大学教育改革

戦後大学史のなかで、一九五六年は一連の戦後大学改革が一段落し、日本独自の展開を始めた時点である。日本が一九五二年のサンフランシスコ講和条約の発効を契機に独立すると、文部省は再び大学政策への関与を強め、独自の行政主導の大学改革を進めるようになったが、大学設置基準などの公布は、そうした大学政策の変化を象徴する出来事だった。

この大学設置基準では、専門教育重視、つまり学部教育における専門職業教育重視の観点から、専門教育の基礎となる「基礎教育科目」が授業科目として新たに導入され、一般教育科目のうち八単位に限り基礎教育科目の単位で代えることができるようになった。その他に、この基準が省令として制定されて、政府の権限が強化されたのをはじめ、講座制と学科目制の区分の明確化や規定内容の細分化と数量化など、その後の日本の大学政策のあり方を大きく左右した変更が行われている。

ところが、その後の大学教育の歩みはけっして順調なものではなかった。展開期にあらわれた大学教育論議をたどってみればすぐ分かるように、日本の大学教育は常に批判や非難の対象であり続けた。その背景にはいろいろな事情が考えられるが、戦後大学改革にともなう問題点に焦点を絞ってポイントをまとめてみると、次のようになる。

第一に指摘する必要があるのは、戦後大学改革が占領軍主導で、改革の条件が整わないまま短期間に遂行されたため、内容的な改革よりも制度的な改革が先行したことである。

占領軍による改革の基本方針の一つは、戦前のエリート的な大学制度を改革して、多数の者に高等教育機会を拡大することだった。旧制高等教育機関の新制大学への一元化は、「大学」という名の同格の高等教育機会を大幅に拡大した民主的な改革であり、その後の高等教育の大衆化の制度的な整備を結果的に実現した改革ということもできる。大学進学者は六〇年代以降急カーブを描いて増えたが、その主要な担い手はこのときに大学に昇格し、安上がりの大学教育を受益者負担で提供した私立大学だったからだ。しかし改革の条件が劣悪な状態で戦前の学校間格差を存続させたまま、内容よりも形式を優先して強行された制度改革は、その後の大学の発展にとって大きな足かせとなった。

第二は、戦後大学改革が明治期以降大学のドイツ・モデルにもとづいて構築されてきた日本の大学制度を、アメリカ・モデルにもとづいて一挙に変えることを目指したため、さまざまな誤解やひずみが生まれたことである。たとえば伝統的な戦前の大学観では、専門職業教育が学部教育の主要な役割だったこともあり、その後の大学改革では、新たに導入された一般教育の意義が幅広い支持をえないまま、専門職業教育の失地回復が継続して目指されることになった。

もう一つは、教育よりも研究を重視する大学教員の役割観がいまだに根強く残っていることである。日本ではアメリカと違って、研究と並んで学生の教育を重視する課程制大学院がなかなか定着しなかったのも、戦前の旧制大学では研究と専門職業教育が(形だけ設けられていた大学院ではなく)、学部段階で実際に行われていたことを考えれば、当然だったのかもしれない。

ただし第三に、こうした問題点の解決には、長い年月が必要なことを指摘しておきたい。アメリカでも現在の典型的な学部教育の教育課程が定着するのに、一九世紀後半から二〇世紀前半まで一世紀近い年月が必要だった。アメリカの大学は、この一〇〇年間に、それまでの伝統的な植民地時代のカレッジが提供してきた四年間の教養教育中心の教育を、事実上一、二年間の一般教育に短縮し、それに近代科学を教育する専攻(メジャー)という名の専門職業教育を加えた学部教育を構築するようになった。これはアメリカでも、一九世紀後半からドイツの大学の影響を受けて、研究の役割を大学が果たすようになったために、学部段階の教育を近代的なものに改革する必要があったからである。

ところが、植民地時代のカレッジの教養教育は、ヨーロッパの中世の教育をふまえたものだから、それを近代科学の研究を重視するドイツ生まれの近代大学の専門職業教育とつぎあわせるのは、非常に難しいことだった。そのためもあって、アメリカでは、一般教育と専攻を中心にした近代的な学部教育の教育課程を大学教育として定着させるのに、一世紀に及ぶ長い時間がかかったといってよいだろう。

アメリカの学部教育の教育課程

こうした経緯で成立したアメリカの学部教育は、実際には多種多様で、大学によってかなり大きな違いがみられる。ただしアメリカの現在の典型的な学部教育の教育課程は、(1)一般教育、(2)専攻(主専攻、副専攻)、(3)自由選択(フリー・イレクティブ)の三つの要素によって構成されている(吉田、二〇一三年、四〇―四一頁：江原、一九九四年、一七三―一七四頁)。

一般教育は幅広さ(ブレドス)を学ぶために、人文科学、社会科学、自然科学の三分野にまとめられた専門分野の科目群に加えて、西欧文明や女性研究、第三世界研究などといった、一貫性(コヒーレンス)を学んだり、総合的な理解力を修得したりするための総合科目群とか、知的な学習技能(ラーニング・スキル)の修得を目的にした英作文、基礎数学、外国語、それから体育などの科目群によって構成されるのが一般的である。

専攻は、学部卒業後の就職や大学院進学の準備として、特定の専門分野を深く学ぶ(デプス)ための科目群によって構成されている。日本の学部教育の教育課程でいえば、専門教育の科目群に相当する科目群である。この専攻には主専攻(メジャー)と副専攻(マイナー)がある。専攻で学ぶ専門分野は実に多種多様だが、次の二つに大きく区分することができる。

一つは、近代科学のなかでも基礎的な文理系(リベラル・アーツ・アンド・サイエンシズ)の専門分野、つまり人文科学や社会科学、自然科学の専門分野であり、複数の専門分野にまたがる学際研究や芸術なども含まれる。もう一つは職業との関連が深い実学的な専門分野で、法学や経営学、教育学、工学、農学をはじめ、家政学や体育学、図書館学、保健医療科学、コンピュータ・情報科学、神学など多彩な専門分野が含まれる。

学部教育を構成する三つの要素のなかで、中心に位置するのは一般教育と専攻である。学部教育に占める一般教育の比重を確認すると、学士号取得に必要な一二〇単位に占める一般教育の割合は、一九六七年には四三％だった。それが卒業要件の緩和をもたらした六〇年代後半の「学生反乱」以後しだいに減少し、一九七四年には三四％まで低下したが、八八年には再び三八％に増加している。二〇〇〇年の時点では、平均で四五％であった。

重要なのは、ほとんどすべての大学は、学生に一般教育の履修を必修として課していることだ。専攻の科目履修では、学部卒業後就職する学生は、主に職業との関連が深い専門分野の科目を履修するけれども、学術大学院や専門職大学院に進学して、より高度な専門職業教育を学ぼうとする学生のなかには、基礎的な文理系の専門分野を履修したり、狭い専門を超えてできるだけ幅広く学んだりする者も少なくない。つまりアメリカの大多数の学部学生は、卒業後社会に出て活躍するが、彼らの場合には、一般教育が教養教育として、また専攻が専門職業教育として位置づけられる。

ところが大学院に進学して、より高度な専門職業教育を学ぶ少数派の学部学生の場合、その大半は、学部卒業後就職する多数派の学部学生と同様の科目履修をして大学院に進学するが、なかには一般教育を教養教育として履修するのは同じだが、専攻でも職業との関連が深い専門分野に加えて、基礎的な文理系の専門分野を中心に幅広く学ぶ者もいる。彼らにとって、四年間の学部教育はどちらかといえば教養教育の色彩が相対的に濃い内容になる。

それゆえアメリカの大学全体についてみると、学部教育における教養教育と専門職業教育の内容や位置づけ、バランスは多種多様だが、非常に重要なのは、どの大学の学生も専門職業教育だけでなく、一般教育にせよ専攻まで含めた形にせよ、学部教育の一環として明確に位置づけられた教養教育を学んでいることである。

転換期（一九八五年以降）の大学教育改革

現在の日本の大学改革は一九八四年に、「大きな政府」から「小さな政府」への転換を目指す中曽根内閣直属の審議会として設置された臨時教育審議会から始まったといってよいだろう。この審議会は戦後教育の総決算を目指して教育の全般的な改革を検討し、一九八七年までに四つの答申を公表した。その「第三の教育改革」ともいわれる改革の基本的視点は、①個性重視の原則、②生涯学習社会の建設、③国際化や情報化などの変化への対応の三つにまとめられる。なかでもとくに強調されたのは、日本の根深い病弊である画一性、硬直性、閉鎖性を打破して、個人の尊厳、個性の重視、自由・規律・自己責任の原則、つまり個性重視の原則を確立することであった。

その後三〇年にわたって、大学審議会や中央教育審議会大学分科会などによって数多くの答申や報告が公表され、それらを受けてさまざまな大学政策が実施されてきたが、大学改革の大まかな方向はほとんどこの答申にもりこまれていた。それは大学改革の論議でよく使われてきた個性化や多様化、弾力化、大綱化、個別化、柔軟化、活性化などといった改革の方向を示すキー・ワードが、答申のいたるところにちりばめられていることにもよくあらわれている。

これらの「小さな政府」の大学政策では、政府も日本の大学全体のことを考えて改革の制度的な条件整備を進め、それまでの中央集権的な教育行政のあり方を分権化し、規制も緩和するので、それぞれの大学は政府や公的資金に頼らずに自助努力によって大学改革を行い、お互いに競争することにより大学の教育研究の質を全体として高めることを要請している。

たとえば一九九一年の大学設置基準などの大綱化により、それまでの厳しい設置基準が緩和されたため、各大学は大学独自の教育課程を開発できるようになり、大学教育の個性化と多様化が進んだ。大学入学年齢の特例措置により、日本でも一七歳から大学に進学できるようになり、専門学校卒業者の大学への編入学も可能になった。大学院への進学や学位取得を容易にするため、大学院の制度改正も実施された。夜間大学院や昼夜開講制大学院、通信制大学院、独立大学院、専門職大学院の制度化、学部三年次からの修士課程進学の容認、専門分野による学位の種類の廃止などである。

大学教育の質的な改善を提言する答申も継続的に公表され、そうした取組を支援する施策が相次いで実施されてきた。その主要な出発点として位置づけられるのは、大学審議会の答申「高等教育の一層の改善について」(一九九七年)である。この答申では、高等教育の現状の問題点が六つに集約してまとめられ、それらをいっそう改善するための具体的な方策が、①全体のシステムのなかでの大学等のあり方、②バランスのとれた体系的な教育課程の編成、③学習効果を高める工夫、④教育活動の評価のあり方、⑤学生の流動性(選択の幅)を高める工夫、⑥高等教育の改革を進めるための基盤の確立に分けて提言された。いずれの方策もその後現在まで答申や報告のなかでくりかえし指摘されてきており、大学教育の質的な改善が決して容易なことではないことがうかがわれる。

中央教育審議会の答申「学士課程教育の構築に向けて」(二〇〇八年)では、学士課程教育の充実のための具体的な改善方策が、学位授与の方針、教育課程編成・実施の方針、入学者受入れの方針の三つに分けて提言された。そのうち二つ目の教育課程編成・実施の方針で提案されているのは、①順次性のある教育課程の体系的な編成、②単位制度の実質化、③教育方法の改善、④成績評価基準の策定と厳格な適用などである。それから専門分野の違いを超えて学部教育全体に共通する学習成果を「学士力」として提示したのも、この答申の大きな特徴である。

さらに中央教育審議会の答申「新たな未来を築くための大学教育の質的転換に向けて」(二〇一二年)では、学生が生涯学び続け、主体的に考える力を修得するためには、質的転換の好循環を作り出す始点として、双方向の授業やインターンシップなどの教室外学修の充実により、学生の主体的な学修時間の増加と確保が進められる必要があることが謳われた。また学生本位の視点に立った学士課程教育へと質的な転換をはかるためには、大学教員中心の授業科目の編成から組織的・体系的な教育課程への転換が必要なことも強調されている。

転換期の学部教育改革の特徴

このように進められてきた現在の日本の大学教育改革には、どのような特徴がみられるのか。学部教育の教育課程の構成に焦点を絞って、その改革状況の断面を切りとってまとめてみよう（広島大学高等教育研究開発センター、二〇一〇年、九二—一〇六頁）。

第一に、日本の国公私立の四年制大学では、学部教育の教育課程の改革が盛んに実施されてきた。文部科学省の調査によれば、一九九一年以降二〇〇一年までの一〇年間に、実に九九％の大学が教育課程の改革を実施していた。その後も二〇〇三年度から二〇〇七年度の五年間に限ってみても、全大学の八七％、全学部の八一％が学部教育の教育課程の改革を実施していた。設置者別にみると、国立、私立、公立の順、また専門分野別にみると、専門職業との結びつきが強い保健、家政、教育、芸術などの学部よりも、人文社会系や理工系の学部の方が改革を実施していた。

第二に、教育課程の編成上の配慮事項で多かったのは、豊かな職業生活の実現を視野に入れたキャリア教育の提供（六一％）や、豊かな社会生活の実現を視野に入れた教養教育の提供（五五％）などである。

第三に、実際の教育課程の改革における具体的な内容を、実施率の高い順に並べてみると、全体としてみれば、①科目区分に関する改革は実施されていたが、単位数に関する改革はそれほどではなかったこと、②教育課程の編成に際して教養教育については配慮していたが、教養教育と専門職業教育を四年間の間に履修できる「くさび型教育課程」を実施した大学は多くなかったことなどが指摘できる。

第四に、卒業要件単位数をみると、全大学の平均は一二七単位、学部別、つまり専門分野別では保健はやや多いけれども、専門分野間でほとんど変わらない。ただし卒業単位に占める必修単位の比率では、公立(五一%)や国立(四八%)と比べて私立(三七%)はゆるやかである。また学部別にみると、人文系(三二%)や社会系(二三%)はゆるやかだが、保健(八〇%)や芸術(五五%)、家政(五〇%)、農学(四三%)などは卒業単位に占める必修単位の比率が高いので、比較的厳格であることが分かる。

第五に、教養教育の単位数についてみると、全大学の平均は三〇単位、設置者別では国立三七単位、公立三三単位、私立二九単位であった。また卒業単位に占める教養単位の比率では、全大学の平均は二四%だが、設置者別では公立(二五%)や国立(二九%)と比べて、私立(二三%)は単位数でも比率でもゆるやかである。ただし重要なのは、教養教育の単位数でも卒業単位に占める教養単位の比率でも、専門分野間、つまり学部間では違いがみられなかったことである。

したがって大学設置基準などが大綱化された一九九一年当時と比べれば、学部教育に占める教養教育の比率は大幅に低下した。大綱化以前の学部教育の教育課程では、三六単位の一般教育に外国語や保健体育を加えると、教養教育は一二四単位の卒業要件単位数の三九%を占めていたからだ。

教養教育はこの間に決して重視されるようになったとはいえない。またアメリカの学部教育に占める一般教育の割合が平均で四五％（二〇〇〇年）であることと比べれば、日本の大学の学部教育は専門職業教育の色彩が濃いといってよいのである。

第六に、代表的な教養教育の内容を整理してみると、今日の教養教育は多種多様な科目によって構成されるようになった。教養教育には人文科学や社会科学、自然科学といった、それまで一般教育科目として分類されていた分野別教養教育科目や学際的・総合的教養教育科目の他に、外国語教育や情報処理教育などの共通基礎科目が含まれる。さらに近年では、初年次教育や導入教育として大学生活や大学教育への適応支援、専門職業教育への導入を促す科目とか、建学の精神を学ぶ自校教育やキャリア教育などに関連した科目が増えており、補習教育や基礎学力の向上を目指す科目なども含まれるようになった。

4　学部教育改革の条件

それではこうした状況をふまえて、日本の大学教育、とくに学部教育の改革をどのように進めていけばよいのか。続いて学部教育改革の課題と方向を探るために、学部教育改革を考える際に考慮すべき条件を整理することから議論を始めてみることにしよう。学部教育の実質的な改革を進めるには、その全体の見取り図を明確に描いておく必要があるからである。

(1)最終的な学校教育段階としての大学教育

学部教育の改革を左右する第一の条件は、今日の大学教育は制度的に、初等教育と中等教育の次に接続する、最終的な学校教育段階として位置づけられ、その整備充実が目指されていることである。

歴史的にみると、欧州の中世に生まれた大学は、教育機関のなかで成立した順序が最も早く、すでに八〇〇年を超える長い歴史がある。次いで西欧では、この大学への進学準備教育を、少数の上層階層出身者を対象に行う中等学校が整備され、最後に一八世紀後半の産業革命以降、すべての国民を対象にした初等学校が設立されるようになった。つまり子どもの成長に対応した教育段階の順序と教育機関としての歴史的な成立の順序は逆であって、しかも初等教育と中等教育との間には大きな溝があり、連続した教育段階として位置づけられていなかったということである。

近代教育制度の歴史は、このような歴史的背景をもつ学校を子どもの成長に対応した教育段階に沿って体系的に再編成し、教育機会をできるだけ多くの人びとに開放するために、さまざまな改革を積み重ねてきた過程だとみることができる。もっとも今日でも、そうした制度改革が十分に実現している国はないといってよい。たとえば初等中等教育と大学教育の接続をみても、二つの教育は現在でも制度的にスムーズに接続しているわけではない。

それに加えて、教育内容の面でも扱う知識の内容や質、水準などに違いがあるため、スムーズに接続しないところがある。初等中等教育も大学教育も、できるだけ正確な知識を体系的に整理して標準化し、順序立てて系統的に提供しようとする点では同じだが、大学教育では研究で生産される新しい知識、つまり決着のつかない灰色の部分を含んだ知識を扱うことにも重要な意義があるからだ。しかし今後の改革の方向としては、大学教育を最終的な学校教育段階として位置づけ、その整備充実を目指すというのが第一のポイントである。

(2)同世代の半分強を受け入れる大学教育

二つ目の条件は、現在の大学教育、とくに学部教育は同世代の半分を超える人びとを対象にしており、その改革では、彼らにふさわしい教育をどのように構築すればよいのかが課題になっていることである。

第二次世界大戦後の教育改革で成立した現行の教育制度では、日本の子どもは、小学校と中学校の計九年間の義務教育を終えれば、その後は社会的な経験を通じて、基礎学力の面でも教養の面でも、将来大人として、社会で活躍するための能力を、自立的、主体的に獲得できると想定されていた。ところが高学歴化の進んだ今日では、同世代の九八％の人びとが高校で学ぶようになり、大学へ進む者も同世代の半分を超えるようになった。

こうした現状をふまえて、大学の門戸を同世代の何%に開けばよいのかを、理論的につきつめて考えることはできそうにない。しかし各国の近代教育の動向を歴史的にたどってみると、日本を含めてどの国も、近代化の過程で国民国家としての統合や発展を実現するために、すべての国民に近代社会で通用する一定の基礎学力と共通の文化を内面化させる「義務教育」の定着をはかってきた。それから義務教育後の教育年限の延長も、個人と社会の双方にとって望ましいと考えられていた。

それに対して、大学教育はどの国でも基本的に、高度な専門的人材や広い意味での社会的な指導者層の育成を果たす教育機会として位置づけられている。大学の門戸も志願者にはできるだけ広く開かれるべきだとしても、すべての人びとを同じ条件で受け入れるべきだとは考えられていないのではないか。

したがって日本の大学の門戸が、今後一〇年くらいの間に、大幅に開放されることはないと予想されるが、日本の大学教育はすでに同世代の半分を超える人びとを対象にしているので、少数の学生を受け入れた伝統的な大学教育観からみれば、能力や興味・関心の面で多種多様な学生にふさわしい教育を、どのように提供すればよいのかを問われていることになる。

(3) 学部教育を構成する教養教育と専門職業教育

学部教育の改革を左右する第三の条件は、日本の大学教育、とくに学部教育はアメリカと同じように、身体的には大人かもしれないが、教養の面では「半大人」の学生を受け入れ、彼らに対して教養教育と専門職業教育を行うことを主要な目的にしていることである。

アメリカの学部教育では、大学によってその取り組み方は違っても、専門職業教育と並んで、学生を教養のある成人として育成する教養教育が重視されている。卒業後社会に出て活動する大多数の学部学生は、一般教育（ジェネラル・エデュケーション）として教養教育を履修し、専攻（メジャー）として専門職業教育を履修するのが普通である。また大学院に進学して、より高度な専門職業教育を履修する少数派の学部学生の場合、その大半は、学部卒業後就職する多数派の学生と同様の科目履修をして大学院に進学するが、なかには一般教育を教養教育として履修するのは同じだが、専攻でも、職業との関連が深い専門分野に加えて、基礎的な文理系の専門分野を中心に幅広く学ぶ学部学生も少なくない。

戦後日本の学部教育も基本的に、この大学のアメリカ・モデルをベースにして発展してきたので、同じような学部教育観にもとづいているはずだ。ただしそうはいっても、日本の多くの大学関係者にとって、そうしたアメリカ流の学部教育観は認めたくないのかもしれない。戦前の伝統的な大学観からみても、旧制大学の学生は旧制の高等学校や大学予科を経て一九歳で大学に入学したから、すでに立派な成人であり、彼らに専門職業教育をほどこすのが大学教員の仕事だと考えられていたからである。

もっとも多様化した学生を実際に教育している大学教員にとって、大学は「半大人」の学生を受け入れ、彼らを教養のある成人にしながら、卒業までに専門職業教育も学んでもらう場なのだという学部教育観は、今日ではどの大学でも、その実態に即した見方であり、ようやく日本の大学でも広く受け入れられるようになったといった方が正確なように思われる。目の前の学生のなかには、義務教育後に高校で三年間もよけいに学んだはずなのに、基礎学力の面でも教養の面でも、将来大人として社会で活躍するための能力を自立的、主体的に獲得できそうにない学生が結構いるようにみえるからだ。

もう一つ指摘しておきたいのは、国際比較の観点からみると、日本とアメリカの教育制度は例外的で、たとえば西欧の教育制度などとは次の点で大きく違っていることである。つまり日本とアメリカの教育制度では、ある教育段階、たとえば小学校教育で理解できなかったことは中学校であらためて学んでもらい、中学校教育で学びきれなかったことは高等学校で、さらに高等学校教育で分からなかったことは大学であらためて学んでもらうというように、学習内容をそれぞれの教育段階である程度重複するようにして構成する仕組みを採用している。

それゆえ学部教育、とくに教養教育でもそれまでの学校教育で学びそこなったことを学生にあらためて学んでもらい、大学教育での学習をできるだけスムーズにしてもらうことが肝要なのである。

今日の日本の教養教育が補習教育や基礎学力の向上を目指す科目、初年次教育や導入教育に関連した科目など、多種多様な科目によって構成されるようになった背景には、このような学校教育観もあるように思われる。

私もこれからは思い切って、どの大学も「正式に」、これらの科目を教養教育科目に含めたらよいのではないかと考えている。この点について、アメリカでは中等教育が多様であり、大学は通常教科別の入学者選考を課さないために、大学教育を受けるのに準備不足の学生を対象に、補習教育（リメディアル教育）や初年次教育などを導入してきた（吉田、二〇一三年、五三頁：金子、二〇一三年、一八四頁）。というのも、大学教育と高校教育との接続はアメリカの大学にとって積年の課題であり、一般教育という名称の教養教育はこれらの二つの教育をスムーズに接続する役割を果たしてきたからである。

日本の大学でも大学設置基準などの大綱化以降、行政主導の大学改革によって大学教育の改革が進展するとともに、入学者選考が学生の学力を保証する関門としての力を喪失したために、教養教育は大学教育への準備教育的な役割をもつことで、その存在意義を高めてきたところがある。実際に多くの日本の大学の教養教育は、補習教育的な要素や技能の修得を目指す科目が一定の割合をもつものになってきている。かつてのアメリカと同様、今日の日本でも高校教育と大学教育との接続をスムーズにするために、教養教育の再構築が必要になったのである（吉田、二〇一三年、二九二頁）。

その意味では、日本の大学教育でも初年次教育や補習教育などを思い切って教養教育の科目に正式に含める時期にきていると考えられる。

(4)専門分野や進路に応じて異なる教養教育と専門職業教育の比重

第四の条件は、大学教育、とくに学部教育にとって教養教育と専門職業教育は不可欠の要素だが、これらの二つの教育の比重や内容は、学生が専攻する専門分野や卒業後に就く職業や進路によって違っていることである。

日本でもアメリカでも、大部分の学部学生は卒業後、大学院に進学しないで社会に進出する。そのため日本では専門教育、アメリカでは専攻としてまとめられる専門職業教育は、学部教育でもたくさん行われている。その内容が卒業後に就く職業と、どの程度密接に関連しているのかは別にして、専門職業教育は学生が特定の専門分野を集中的に深く学ぶための教育である。

その他に教員や栄養士など、学生が在学中の専門職業教育で取得できる職業資格もたくさんある。特定の職業に就くために必要な職業資格や学位の要件は、主に職業団体や関連学協会、政府などの学外の大学関係者によって決められるが、学生は所属大学の教育課程のなかから、資格取得や受験資格で定められた資格必須科目を履修する。

アメリカでは現在、医師や法律家などの専門職向けの専門職業教育は大学院で行われているが、日本ではこれまで大学入学時に学部や専攻を決め、学部教育の段階から専門職業教育を集中して行ってきた。ただし職業が要求する学歴は、どの国でも時代とともに高学歴化してきている。

アメリカでも専門職が大学院教育の履修を要求するようになったのは、たとえば医師や法律家の場合二〇世紀以降のことである。また経営学修士(MBA)が企業経営者の学位として注目を集めるようになったのは第二次世界大戦後、それも六〇年代以降のことである。日本では近年、法科大学院や経営学大学院、教職大学院などが専門職大学院として設置されたり、同じような専門職業教育が、通常の大学院でも提供されたりするようになった。

日本の戦後大学改革では、戦前の専門学部の仕組みを温存させたまま、大学設置基準により画一的で平準化した学部教育の教育課程を導入した。しかしその後、学問領域の多様化や四文字学部の開設などにより、この大学設置基準に縛られた教育課程は、学部教育の実情にあわないことが明らかになった。その意味では、九一年の大学設置基準などの大綱化は画一化や平準化をもたらしやすい設置基準の規制を緩和し、それぞれの大学や学部における学部教育を、その実情にあうように多様化して再編成するための措置であったとみることもできる。こうした動向をみると、取得する学位の種類や学部教育における教養教育と専門職業教育の比重や内容は、専門分野や職業によって違ってよいし、違うべきだと考える方が自然なのである。

(5)問われる教養教育のあり方

しかし第五に、学部教育についてみると、この約半世紀の間にアメリカでも日本でも、教養教育よりも専門職業教育の方がますます重視されるようになって、教養教育のあり方が問われている。

科学技術と経済の発展は学問の専門分化と高度化を促すため、学部教育でも専門職業教育が強化されるのは自然な流れだと考えられる。アメリカではほとんどの大学が、教養教育に相当する一般教育の履修を必修として学生に課している。その学部教育に占める比率も大学によってそれほど大きな違いはないので、教養教育を行う制度的な枠組みは確保されているといってよい。

ところが専門職業教育の強化にともない、大学教員は自分の専門分野の研究や教育にいっそう関心をもつようになった。学生も一般教育よりも専攻を重視し、しかも「専攻」という名称の専門職業教育では卒業後の就職に有利な実学系の専門分野を選んだり、職業資格の取得を目指す「就職第一主義」の学生が大幅に増えたため、一般教育の質が低下したり、軽視されるようになった。

日本では一九九一年の大学設置基準などの大綱化以降、各大学の学部教育改革は「専門教育」という名称の専門職業教育の比重を高める方向に進んでいる。日本の場合アメリカと比べて大学院教育が現状では小規模なため、四年間の学部教育で専門職業教育を強化しようとするので、教養教育の居場所はますます狭くなりやすいところがある。

また大多数の学生は学部卒業後社会に出て活動するから、専門職業教育は主に大学院教育よりも学部教育で行われることを前提にして、その将来の方向を考える必要がある。次世代の高学歴者の主力は数のうえでは今後も短期大学士や学士なのである。それから、これは非常に重要なことだけれども、同世代のベストの人材が大学院に進学して、彼らがあらゆる分野で将来の社会的リーダー層として活躍することが、必ずしも社会から期待されているわけではない。

(6)社会的に注目される学部教育全体の学習成果

学部教育の改革を左右する第六の条件は、学部教育を構成する教養教育と専門職業教育の境界があいまいになり、学部教育全体の学習成果が社会的に注目されるようになったことである。

一九八〇年代のアメリカでは、学部教育の全面的な見直し、そのなかでもとくに一般教育の改革を目指した政策提言があいついで公表され、数多くの大学が実際に改革を進めた。学部教育改革、とくに教養教育としての一般教育の改革は、九〇年代以降も世紀を超えて、多くの大学や大学連合組織で、くりかえし計画されたり、実施されたりしている。しかし二一世紀の学部教育改革の特徴の一つは、学部教育全体の学習成果に対する学外からの社会的な関心が高まったことである。それはアメリカだけでなく、日本や欧州連合の大学界にも共通にみられる動向だった。

アメリカについては、全米カレッジ・大学協会の活動を例としてとりあげてみよう。この協会は、専攻や学問的背景にかかわらず、すべての学部学生が学部教育で身につけるべき学習成果のリストを、次のような三つの領域に分けて提言している(AAC&U, 2005, p.2)。

【学部教育で修得する学習成果】(全米カレッジ・大学協会、二〇〇五年)

①文化と自然に関する知識(科学、社会科学、数学、人文学、芸術)

②知的、実践的技能(文章と口頭のコミュニケーション、探求的・批判的・創造的思考、数量的リテラシー、情報リテラシー、チームワーク、学習の統合)

③個人的、社会的責任(市民的責任と関与、倫理的推論、異文化に関する知識と活動、生涯学習への志向)

この協会は教養教育(リベラル・エデュケーション)を重視する大学の連合組織であることもあって、専門分野の違いを超えて、学部教育全体に共通する学習成果を強調している。そのため、この学部教育で身につけるべき学習成果のリストは、ある意味では、一般教育の学習成果を整理したリストといってもよいほどである。というのは、一九九〇年代までのアメリカの学部教育論では、学部教育の目的を、次のように、言語的、数学的能力から知的技能や知識、価値観を主体的に駆使する能力まで、五つに整理していたからである(江原、一九九四年、五九—六〇頁)。

(1)能動的なコミュニケーションのための言語的、数学的能力
(2)西欧的、アメリカ的価値観
(3)自然と社会に関する科学的な理解
(4)特定の専門分野に関する深い知識
(5)(これらの)知的技能や知識、価値観を自ら主体的に分析・総合・応用して駆使する能力

二つのリストを比べてみると、①と(3)、②と(1)、③と(2)は、それぞれ対応している。また①、②、③のどれにも(5)の要素は含まれていると考えられる。ところが一九九〇年代までの学部教育の目的には、「(4)特定の専門分野に関する深い知識」があるので、専攻、つまり専門職業教育と教養教育の区分がはっきりしていたが、二〇〇五年の学部教育の学習成果のリストでは、専攻の位置が必ずしもはっきりしていないのである。あえていえば(3)と(4)を合わせて①にまとめたといってよいのかもしれない。

全米カレッジ・大学協会は実際に、九〇六校の加盟大学の学務担当副学長を対象にしたオンライン調査にもとづいて、七八％の大学はすべての学部学生が身につけるべき共通の学習成果を大学として設定していることを明らかにしている。しかし同じ調査によれば、八九％の大学は一般教育プログラムを評価したり、改革したりしており、五六％の大学は五年前と比べて一般教育を重視する

ようになっているという。しかもそうした大学ほど、学部学生の研究参加や初年次教育、外国留学、サービス・ラーニング、インターンシップなどといった、さまざまな学習実践を重視するようになったことも指摘されている。

したがってアメリカの大学は学部教育の教育課程において教養教育(一般教育)と専門職業教育(専攻)を明確に区分しており、学部教育における一般教育の役割を重視していることが分かる。そして三つの領域に分類された学部教育で身につけるべき学習成果は、一般教育でも専攻でも学ぶことが期待されているけれども、こうしたアメリカの大学の学部教育に対する姿勢や見方は、日本の大学の学部教育改革を構想する際にもきわめて重要なことだと思われる。

日本では一般教育に代わって教養教育という言葉が近年使われるようになった。この教養教育を専門職業教育の強化が進む学部教育のなかでどのように確保し、同世代の半分を超える多様化した学生に、教養教育として何を学んでもらえばよいのかは、日本でもますます問われるようになっている。

中央教育審議会は日本の大学が授与する学士が保証する能力の内容に関する参考指針として、専門分野の違いを超えて学部教育全体に共通する、次のような四つの学習成果を提示した(中央教育審議会、二〇〇八年、一二一―一二三頁)。

【学部教育全体に共通する学習成果】（中央教育審議会、二〇〇八年）

①知識・理解（多文化・異文化に関する知識の理解、人類の文化や社会と自然に関する知識の理解）

②汎用的技能（コミュニケーション・スキル、数量的スキル、情報リテラシー、論理的思考力、問題解決力）

③態度・志向性（自己管理力、チームワーク、リーダーシップ、倫理観、市民としての社会的責任、生涯学習力）

④統合的な学習経験と創造的思考力

これらの能力は、日本の学士課程教育が分野横断的に、共通して目指す学習成果に着目したもので、できる限り汎用性のあるものを提示するように努めたということである。またこの参考指針は標準的な項目にとどまるものであり、各大学が実際に学位授与の方針などを定める場合には、その大学の教育理念や学生の実態に即して、各項目の具体的な達成水準などを主体的に考えていく必要があることが謳われている。

さらに（あいまいな表現だけれども）、これらの能力は教養を身につけた市民として行動できる能力として位置づけることができるという。ということは、これらの能力は専門職業教育ではなく、教養教育で身につける能力なのだろうか。それとも、日本の大学では実際には学部単位でも明確で体系的なイメージを描きにくい専門職業教育に共通する学習成果を、どの大学のどの学部でも、これらの四つの能力としてまとめることができるとでも想定しているのだろうか。

全米カレッジ・大学協会と中央教育審議会が提言した学習成果のリストは似通っており、大きな違いはない。違いがあるとしたら、全米カレッジ・大学協会は学部教育における一般教育の位置と役割を明示し、学部教育の学習成果をどちらかといえば従来の一般教育の学習成果の分類に沿って集約している。それに対して、中央教育審議会の提言では、学部教育における教養教育や専門基礎教育や専門教育の位置と役割、あるいは、高い教養とか専門的能力などといった重要な言葉の具体的な内容が非常にあいまいなまま、学部教育の学習成果をまとめようとしていることである。

もちろん大学のなかには、準備不足の学生が相対的に多いフリーパスの大学をはじめ、批判的思考や論理的思考などの修得を教養教育だけでなく専門職業教育の学習成果にするところがあってもいっこうにかまわないだろう。ただしその場合には、それらの能力を教養教育で学ぶ機会があっても修得できなかった学生に対する補習教育として位置づけるべきなのではないか。というのも、そうした能力の修得はなによりもまず教養教育の学習成果であり、学生はそれらを身につけていなければ、専攻する専門分野の専門職業教育の教育内容を理解して学べないはずだからである。

あるいは別の観点から、日本の大学教育でも精妙に工夫を凝らせば、たとえば問題解決能力の修得について、教養教育や専門教育などの学部教育の段階に応じて、それぞれ異なる具体的な学習成果を設定したり評価したりすることができるかもしれない(松下、二〇一四年、二五二―二五三頁)。いずれにせよ、学部教育で学生が修得する学習成果の教育課程における位置づけや具体的な内容は、学習する学生にとっても教育する教員にとっても柔軟に対処できるように工夫して構築する必要がある。

(7)近代科学の成果にもとづいた学部教育の内容

第七の条件として、学部教育の教育内容についてとくに指摘しておきたいのは、今日の大学教育では専門職業教育だけでなく教養教育も、その教育内容は主に近代科学の成果である知識や技能にもとづいて構成されていることである。

大学教育、とくに教養教育には人間形成や価値教育をはじめ、芸術への関心とかコミュニケーション能力の育成なども含まれるので誤解されやすいが、大学教育の基本はあくまでも、近代科学の成果にもとづいた教育だということである。というのは、近代大学にとって基本的で固有の役割は、知識を扱うこと、つまり知識を発見し、統合し、応用し、教育することであり、その知識はなによりもまず近代科学の成果によって成り立っているからだ。

また大学教育、とりわけ教養教育の内容を論じるときに、書物の役割、とくに文学作品とか最良の哲学書や歴史書などをじっくり味わうことを通じて、知の基盤を作り上げることの重要性がしばしば指摘されるのは当然のことである。しかし大学教育を構成する教養教育で扱う文学作品はあくまでも、人文科学としての文学であり、文学作品そのものではない。哲学書や歴史書も人文科学や社会科学の専門分野における研究というフィルターを通して検討、吟味されてから、はじめて大学教育で使われる教材や素材になるのである。

近代科学の成果にもとづいた大学教育にはいくつもの限界や問題点がある。たとえば近代科学の性格についてみても、科学の進歩は無条件に善、つまり「よい」ことであり、人類の幸福を約束するものだという楽観的な科学観は、科学が生み出した核兵器や環境問題などにより大きな変更をせまられている。また近代科学の見方や考え方は人びとの社会生活の奥深くまで浸透したが、実際にはその成果は人類が生み出した知識や技能のごく一部であり、日常の生活はそれ以外の、近代科学とは異質の多くの伝統や文化があってはじめて成立しているのもたしかなことである。しかしたとえそうした限界や問題があるにしても、日本の大学関係者はこの問題に正面から向き合い、近代科学の成果をどのように取捨選択したり再構成したりして、学生にどのような学部教育の教育課程を提供すればよいのかを問われている。

ところで学部教育の教育課程は、それぞれの大学ごとに構築するのが基本だが、やや広い視野からみると、教養教育と専門職業教育の教育内容を大学間の違いを超えて、ある程度標準化する作業も不可欠である。文部科学省はこの問題に関連して、日本学術会議に対し二〇〇八年に、大学教育の分野別質保証のあり方について審議し、専門分野ごとに教育課程編成のための基準を検討することを依頼した。

そうした措置は基本的には、適切な選択であったと考えてよいだろう。というのも、大学教育のあり方や具体的な内容を中央教育審議会大学分科会のような政府の審議会で決めるのは適切ではないからである。日本学術会議は内閣府所管の団体ということもあり、文部科学省からある程度独立している。またすべての専門分野をカバーし、それぞれの専門分野の代表的な研究者が委員に選ばれている国際的にも珍しい団体であり、連携会員制という形で個別の学協会とも深い関係をもっている組織でもある（天野、二〇一三年、一六九―一七〇頁）。

日本学術会議は二〇一〇年に、専門分野の教育の質保証に資することを目的とした枠組みとして、教養教育を含めた学部教育の教育課程全体の質保証の観点から、専門分野別の「参照基準」を策定することを提唱した（日本学術会議、二〇一〇年、ii頁）。そして二〇一二年には経営学、言語・文学、法学の専門分野について、教育課程の芯にあたる参照基準をまとめて公表し、その後も継続してさまざまな専門分野の参照基準を策定、公表している。

これはそれぞれの専門分野にとっては、その知識や特性、構造などをあらためて体系的に整理することにつながる作業でもある。また各大学にとっては参照基準をもとに、それぞれの大学環境や学生の状況にふさわしい教育課程を具体化することができれば、大学教育の質保証を確保する一つの作業にもなるだろう。さらに今後の課題としては(近いうちに実現するかどうかは別にして)、参照基準の国際的通用性の推進、専門分野間や大学間の協働の可能性などが指摘されている(山上、二〇一三年、七〇―七二頁;北原、二〇一四年、二九―三〇頁)。

(8)学習者中心の教育を目指す大学教育論

八つ目の条件は、大学教育のあり方を考えるときに、学習者である学生を中心に据え、彼らの自立的で主体的な学習が成立するように支援する「学習への援助」として大学教育を位置づける大学教育論が、次第に声高に主張されるようになってきていることである。別の言葉でいえば、大学教育のとらえ方は二一世紀に入ると、全体として「教育者中心の教育」から「学習者中心の教育」へ大きく変わろうとしている。さらに授業のあり方や見方でも、従来のような大学教員が学生に一方向的に知識を伝える場としての授業に加えて、グループ作業とか議論などの要素を導入して学生の積極的な参加を促す授業や、大学教員と学生がともに作る学びの場としての授業などを構築しようとする動きもみられるようになった。

第二次世界大戦後、どの国でも高等教育が大幅に拡大して、高等教育の大衆化が進むのにともない、大学は大学教員中心の研究重視機関から学生中心の教育重視機関へ、その基本的な性格を変えつつある。研究はもちろん、大学の重要な役割としてますます重視されるようになってきているが、他方で大量の多様な学生を受け入れるにつれて、学生の教育の重要性も広く認識されるようになった。伝統的に研究重視の大学観が支配的だった日本でも、近年になって教育機関としての大学に対する関心がいっそう高まり、研究中心の大学観から学生の教育も重視する大学観への転換がみられる。今日では大学教育の改善は大学改革の中心課題として、どの大学でも必ずとりあげられている。

こうした大学観の転換を端的に示しているのは、一九九一年に改訂された大学設置基準で、それまで初等中等教育では当然のように使われていた教育課程（カリキュラム）という言葉がはじめて登場したことである。この改訂では一般教育科目や専門教育科目などの科目区分の廃止や教員数の制限の緩和、学生数の弾力化など、大学の設置基準を大幅に緩和し、それぞれの大学がその理念や目的にもとづいて、自由で多様な大学教育を実施できるようにした。しかしそれと同時に、大学教育も初等中等教育と同様に、学生の視点に立った学習の系統性や順次性などに配慮した体系的な教育課程を編成し、実施することを期待されるようになったのである。

さらにそれに加えて、大学審議会や中央教育審議会はその後、大学教育の質的な改善を提言する答申を矢継ぎ早に公表し、各大学に基礎学力や興味・関心、学習意欲の面で多様な学生が自立的、主体的に学べるように教育方法を改善したり、学習環境を整備したりすることをくりかえし要請してきた。似たような改善方策がくりかえし提言されるのは、恐らく大学経営陣や大学教職員の努力が大いに不足しているからに違いない。あるいは学習する学生の外形的な条件のみを整えても、彼らの学習意欲が高まるとは限らないのかもしれないが、大学関係者は学習者中心の教育を実現するために、学生の視点に立った大学教育のあり方の検討はもとより、体系的な教育課程の編成をはじめ、教育方法の改善や学習環境の整備などに向けて、これまで以上にさまざまな工夫を試みる必要があるだろう(広田他、二〇一四年、二七六—二七七頁)。

5 学部教育改革の方向

こうした学部教育改革の動向や条件をふまえて、それぞれの大学はどのように学部教育を改革していけばよいのか。それは各大学の大学経営陣や学長をはじめとする大学管理者、それから大学教員や大学職員が学生や学外の利害関係者の希望や意向を十分にくみ上げながら実施していけばよいことで、とくに第三者の立場から具体的な提案をする必要はないのかもしれない。

ただし大学によってそれぞれ事情は違うにしても、これまでの議論をふまえて、各大学に共通する改革のポイントを中心に、いくつか個人的な感想めいた方向を整理すれば、次のようにまとめられる。主にとりあげるのは①教育課程の標準的な構成モデル、②教養教育と専門職業教育との有機的な連携の試み、③学部を起点とした全学的な学部教育の再構築、④教養教育の担当教員と担当組織の問題、⑤学習者中心の教育の推進である。

学部教育の教育課程の標準的な構成

第一に、どの大学でも学部教育を改革する際には、その内容を教養教育と専門職業教育の二つに大きく区分して、教育課程の構成を考えるべきである。とくに複数の学部をもつ大学では、一二四単位分の授業科目を、一つの基準のみにもとづいて体系的に構成するのは非常に難しいので、はじめから学部教育の内容を教養教育と専門職業教育の二つに分ける方針で、教育課程の構成を考える方が実施しやすいように思われる。

しかも大多数の学生は学部卒業後、社会に出て活動するから、専門職業教育は主に学部教育で行うことを前提にして、学部教育の教育課程を構想する必要がある。別の言葉でいえば、教養教育と職業専門教育の比重や内容は、学生が専攻する専門分野や進路に応じて異なるにしても、学部教育の中心はあくまでも専門職業教育だということである。というのは今後も、短期大学士や学士などを取得した卒業生は次世代の高学歴者の主力であり、彼らが卒業後に多種多様な職業や職種に就くことを考えると、それにできるだけ関連した専門分野を集中的に深く学んで、その知識や技能、態度を身につけることを社会から期待されているからである。

ところで学部教育の教育課程の標準的な構成についてみると、教養教育の内容を従来と比べて大幅に多様なものにすべきだと思われる。今後も教養教育の中核をなすのは、人文科学、社会科学、自然科学の三分野の基礎的な知識と技能の修得や、諸科学を超えた学際的な知識の修得、外国語や健康・スポーツなどの能力の向上であり、その意味では従来の教養教育の内容と基本的に変わりはない。

しかしそれに加えて今日では、社会の情報化に対応した「情報リテラシー」の向上や、高い倫理性や責任感をもって判断し行動できる能力の育成といった「価値教育」なども教養教育に含まれる。さらに初年次教育や補習教育なども、これからは思い切って、どの大学でも正式に教養教育に含めた方がよいと考えられる。表2-1はこうした観点から、教養教育の科目編成を中心に、各大学に共通する面に注目して、学部教育の教育課程の標準的な構成をまとめたものである。

この一覧表で、専門職業教育の内容を⑤専門教育科目と⑥卒業研究の二つにしか区分していないのは、

表2-1　学部教育の教育課程の標準的な構成

Ⅰ	**教養教育**
	① 初年次教育・補習教育科目
	② 教養教育科目 分野別教養教育科目、総合的教養教育科目
	③ 共通基礎教育科目 語学教育科目、健康・スポーツ教育科目 情報処理教育科目
	④ 専門基礎教育科目
Ⅱ	**専門職業教育**
	⑤ 専門教育科目
	⑥ 卒業研究

その内容が専門分野によって非常に異なるからである。なお日本の大学の学部教育は学部単位でまとめられる場合が多いので、専門職業教育の科目編成では、学部内で専門分野間の関連性や整合性などをある程度明確にする必要がある。さらに専門分野ごとの専門職業教育を編成する際には、この表では教養教育に含めている④専門基礎教育科目や、大学院における専門職業教育も視野に収めて体系的な教育課程を構成することになる。

教養教育と専門職業教育との有機的な連携

第二のポイントは、教養教育と専門職業教育との有機的な連携に配慮した学部教育の改革を行うためには、それぞれの大学が自らにふさわしい連携を独自に構想する必要があることである。こうした連携は大学内だけでなく、大学間でも行うことができるが、日本の大学ではほとんどの場合、同一の大学内の連携が行われてきた。たとえば医学系や工学系といった、学部卒業後の職業との関連が比較的明確な専門分野の大学教育を提供する単科大学や、それに準ずる大学では、職業人育成のなかで教養教育をとらえ直そうという傾向が比較的強くみられる。

教員養成系や外国語系、芸術系などの学部や大学のなかには、専門職業教育自体に教養教育的要素が含まれているため、二つの教育の有機的連携がとくに必要だという見解もある。複数の学部をもつ大規模大学でも、四年一貫教育を柱にした学部教育改革を行い、学部教育を通じて二つの教育の有機的な連携を目指そうとするところが少なくない。

そうした動向も反映して、多くの大学は教養教育の授業科目の履修年次を、初年次のときだけでなく高学年次まで広げている。高学年次の教養教育の授業科目には、専門職業教育との有機的な連携をはかるために、教養教育に関する科目の発展的内容や上級外国語など、低学年次で履修した内容をさらに発展させたり、専門職業教育との関連で、より深い理解がえられたりするような科目が開設されている。

学部を起点とした全学的な学部教育の再構築

三つ目のポイントは、日本のほとんどの大学は、学部ごとに学生を受け入れているので、全学的に学部教育を再構築する際には、まずそれぞれの学部で、学部教育のあり方や具体的な方策などを、専門職業教育を中心に構築し、次いで各学部の教育課程に含まれる共通の要素を、全学的な教養教育としてまとめる方向で集約したり再構成したりするのが、学部教育の改革では実質的なのではないかということである。これはとくに複数の学部をもつ中・大規模大学にあてはまる。

人材育成の目的や学士号授与の方針などは、大学全体でももちろん明確にすべきである。日本では実際に、各大学の卒業生は出身学部よりも「○○大学卒」として認識されてから、学部時代の専攻を問われることも少なくない。しかし学部教育改革の手続きとしては、なによりもまず学部レベルで学部教育のあり方や方策などを明確に設定する。それに連動して、教育課程の編成・実施の方針についても学部レベルで、手持ちの財源や施設設備、人的資源などを活用して実現できる方針を設定したり、授与する学士号にふさわしい教育課程を具体的に作成したりするということである。

各学部では専門職業教育の担当者を中心に、自分たちが目指す専門分野の教育や職業人の育成にあたって、学生にどのような専門教育と、どのような教養教育、つまり基礎的な学力や幅広さと一貫性を備えた知識や技能、態度を学ぶ教育を提供するのかを徹底的に議論して決めていく必要がある。その際に、すでに紹介した日本学術会議の策定した教養教育や専門分野別の参照基準は一つの手がかりとして、ある程度参考になるのかもしれない。それぞれの専門分野の学協会や大学連合組織などが公表する大学教育に関する方針や提言も無視できないだろう。さらに特定の基礎学力や興味・関心、学習意欲などをもって大学に入学し、自分たちの目の前にいる学生に、自分たちが構築した学部教育の内容を十分に学んでもらうとしたら、どのように教育の方法や学習環境を整備すればよいのかを真剣に考えることも求められる。

そしてそれらの作業をふまえた上で、各学部の教育課程に含まれる共通の要素を全学的な議論の場にもちよって時間をかけて協議しながら、全学的な教養教育のあり方や具体的な方策などをまとめる方向で集約すれば、その大学にふさわしい教養教育と職業専門教育によって構成される、特色ある学部教育の教育課程を構築することができるだろう。それはまた教育課程にみられる学部間の重複や余計な無駄を避けることにもつながるはずである。こうしたいわば下から上に向かって進める学部教育の教育課程の再構築を強調するのは、次に述べる四つ目のポイントを念頭に置いているからである。

教養教育の授業も担当する学部所属の大学教員

四つ目のポイントとして、学部所属の大学教員は各学部の専門職業教育の授業を通常担当するが、それに加えて教養教育の授業の一部も担当してもらうのが、これからの学部教育の実質的な改革にとって非常に有用であることを指摘しておきたい。

大学教員は特定の専門分野の研究と教育がそれなりにできるから、各学部で採用されたはずである。本人が興味と関心のある研究テーマとか、学生に伝えてみたい研究内容は、専門分野のなかでは狭い領域を対象としたものかもしれないが、恐らくいずれも研究水準が高く、内容も奥深いものだと考えられる。大学教員はそうした自分にとっておもしろい研究やその成果を、学生に伝えたいから大学教員になったのではないか。しかもそれらの研究は、彼らがその専門分野の基礎をかつて学生時代に学んだからこそ、進めることができるようになったのではないだろうか。

したがって大学教員は誰でも、自分の研究や教育の背景にある専門分野の概論を、初学者である学生に分かりやすく、しかもこんなにおもしろいのだぞという前向きの姿勢で伝えられるはずである。というのも、自分が現在研究している研究テーマが本物ならば、その背景にある専門分野の概論を十分に理解しており、学生にも興味をもつように教えられるからだ。さらにそうした授業は、所属する学部だけでなく大学全体の学部教育の教育課程のなかでも、その大学が受け入れた学生にとってふさわしい教養教育の中核になる科目として位置づけられるに違いない。

こうしてみると、どの大学教員も少なくとも一科目か二科目は、自分の専門分野の概論を、学生が興味をもって学んでみようと思わせるように教えられるように思われる。別な観点からみれば、大学教員は実は、自分の専門分野しか分からないから、あるいはたとえ社会に出ても、さまざまな分野で実践的に活躍する社会人として通用しそうにないから、大学教員になったのかもしれない。しかし彼らが自分の専門分野の基礎を、学生が興味をもって学んでみようと思わせるように教えられなければ、大学教員としての役割も果たしていないのではないか。もう少しふみこんでいえば、日本を含めてどの国の大学でも、大学教員は学生を教育するために大学に採用されており、給料はそのために払われていることが、これまで以上に広く認識されてもよいのではないだろうか。

このように学部の専門職業教育を担当する大学教員が教養教育の一部も担当する方式には、教養教育を担当する教員の配置を学部の壁を超えて全学レベルで実施できることや、大学は全学的な立場から手持ちの財源や施設設備、人的資源などを活用して、大学独自の教養教育を包括的に行うことができることなど、いくつもの長所が考えられる。この方式はまた学部教育の教育課程が学部単位に縦割りになっている日本の大学組織の特徴を逆手に取って、学部教育改革を実施しようとする考え方でもある。

ただしこの方式を採用したからといって、教養教育の担当教員と担当組織の問題をはじめ、日本の大学の学部教育改革にまつわる積年の課題が一挙に解決されるわけではない。この点については、日本の先行モデルであるアメリカの大学事情もそれほど変わりはない。たとえばアメリカの大学でも州立大学を中心に、最も普及している配分必修制の一般教育を実施する場合には、一般教育担当の教員も、一般教育として開講される科目もなく、また全学レベルの委員会方式をとるために、文理学部などが責任担当組織にならないことが深刻な問題になり、そうした状況の打開がくりかえし試みられてきた(吉田、二〇一三年、二九二頁)。

日本の大学でも改革のための特効薬があるわけではないが、この大学教員が専門職業教育に加えて教養教育の一部も担当する方式を、地道に時間をかけて改善する方向で学部教育の改革を実施するのが実質的で実現しやすいように思われる。そしてそのためには、大学教員が大学教育の改革論議に積極的に参加できる仕組みを学内に整備したり、教養教育を含めた大学教育を円滑に進めるための実施体制を工夫したりすることが強く求められる。

また大学教育の改革でも教職協働、つまり大学教員と大学職員との協働はきわめて重要であり、そのための仕組みの構築を促進する必要がある。実際の授業や教育課程の編成などは大学教員を中心に行われるにしても、教育に熱心にとりくむ大学教員が評価される仕組みの導入など、大学教員の教育に対する士気や意欲などを高めていく制度的な装置を具体的に構想して運用していくのは大学職員の役割である。それからこの本では、大学教育のイメージを明確にするために、主に正課教育、つまり教育課程として明示された正式の教育に焦点をあてているが、課外活動やサークル活動、アルバイトなども学生の発達にとって大きな役割を果たしており、その改善には大学教員と大学職員との協働が不可欠なのである。

大学が主導する学習者中心の教育の推進

学習者中心の教育は学習者である学生が自立的、主体的に学習できるようになるために、学習への動機づけをしたり、学習意欲を喚起したり、学習機会を整備したりすることにより、学生の学習過程を適時に、的確に支援することを目指している。第五のポイントは、そうした大学教育の仕組みの導入や改革を主導するのは学習者としての学生ではなく、あくまでもその大学に所属する大学管理者や大学教員、大学職員などの大学関係者だということである。

体系的な教育課程の編成をはじめ、実質的な大学教育改革を計画したり、実施したりするのは、大学の管理者や教職員の仕事である。大学における教育や学習に関する研究を行い、その研究成果の大学教育への活用をはかる研究所やセンターを設置することにより、大学は現職の大学教員の教育改善を支援したり、全学で教育の問題にとりくむように大学教員同士の協働を促進したりすることができる。日本の大学院教育でも近年、大学教員を目指す大学院学生が大学教育のあり方や教授法を学んだり、実践したりする機会を設けるところがみられるようになった。教育経験の浅い新任の大学教員を対象に、学問とその学び方の両方を理解し、学習者中心の教育を実践できるように支援する体系的な研修を提供するのは、どの大学にとっても重要な課題である(ベイン、二〇〇八年、一八七—一八八頁)。

個人としての大学教員の立場からみれば、大学教育のあり方や教授法などに関心をもち、教師としての力量を高めることが今日の大学教育の現場で求められているのは、十分に理解できることなのかもしれない。しかしたとえばアクティブ・ラーニング、つまり議論や発表などといった学生の能動的な学習経験と、学生自身が自分の学習を自覚的に顧みようとする省察的な学習経験を含み、学生の能動的な授業参加を目指す学習活動について実践を通して学ぶために、グループワークやディベート、体験学習などをテーマにしたワークショップや研修会などに参加しても、にわかに自信がついたり達成感を味わったりしにくいのも事実のように思われる(濱名他、二〇一三年、一六〇—一六二頁)。

研究者としての大学教員にとって、新しい知識を創造したり、真理を探究したりすることは、それ自体がワクワクするほど楽しいことである。学外の学会やマスメディアで、優秀な研究者だと評価されたいという「承認の願望」を心に秘めている者も少なくないはずだ。研究者として高く評価されれば、所属大学での昇進や他大学への移動にも有利に働くから実利的な効用もある。

しかしそれと同時に、多くの大学教員は学生の教育にも関心があり、魅力を感じているのではないか。私には残念なことに力量不足のためにできないことだが、授業で学生を一時間以上も魅了し続け、彼らに知的刺激と感動を与え、自分の専門分野への愛着や、より深く学びたいという欲求を植えつけ、学生が討論の場で活躍する様子を見守るのは、教育する者にとって大きな満足を与えるように思われる。

第三章 大学の管理運営

1 管理運営の改革動向

大学改革と管理運営改革

この第三章「大学の管理運営」では、大学の管理運営の改革について考察する。まず使用する言葉の意味を明確にしておこう。大学の管理運営（ガバナンス）とは、大学が教育や研究、社会サービス（社会貢献）などの社会的役割を適切に果たすために、人的・物的資源を整備・活用し、その組織を運用していく仕組みとプロセスを意味する言葉である。この管理運営には政策立案や目標設定、権限（オーソリティ）と責任（レスポンシビリティ）の行使の他、経営（マネジメント）、つまりそれらを実施するための仕組みやプロセスも含まれる。また管理運営には大きく分けると二つのレベル、つまり

①大学と政府や企業などの学外の利害関係者(ステークホルダー)との関係と、②学内における大学管理者とその他の大学構成員、とくに大学教員との関係が考えられる。

全体の構成は、はじめに世界の大学における管理運営改革の動向を簡略に集約することにより、日本の大学における管理運営改革の方向を国際比較の観点から探る。主に参考にしたのは、アングロサクソン文化圏の大学に焦点をあてたマクネイの大学の組織文化モデルである。続いて第二に、そうした国際的な動向をふまえて、二一世紀に入ってからにわかに動き出した日本の大学の管理運営改革の動向と課題を、国立大学を中心に設置者別に集約する。ここでは管理運営の二つのレベルのうち、主に大学と政府や企業などの学外の利害関係者との関係に注目して考察を進める。さらに第三に、大学の管理運営の改革課題として、学内における大学管理者とその他の大学構成員、とくに大学教員との関係や、日本型の実践的な大学経営組織の整備、優れた大学アドミニストレータの組織的な育成などについて、そのポイントをまとめてみたい。

ところで、大学改革のあり方を左右する社会変動にはいろいろな要素が考えられるが、この本ではとくに二つの要素、つまり①社会のグローバル化(グローバリゼーション)と市場化の進展、②国民国家の政府のあり方にみられる「大きな政府」から「小さな政府」への転換に焦点を合わせて考察を進めてきた。もう少し具体的にいえば、大学は一九七三年のオイルショック以降の四〇年ほどの間に、そうした学外の諸力の影響を受けてどのように変容し、今後どのような方向へ向かうべきなのかを、未来に希望のもてる大学像を想定しながら、できるだけ普遍的な言葉で探ってきた。

こうした学外の厳しい環境変化に対応して、大学改革では三つの基本的な方向、つまり①大学経営の健全化、②増大する利害関係者のニーズへの対応、③大学の多様化が進展すると考えられる。

これらの大学改革の方向のなかで、大学の管理運営の改革にとってとくに重要なのは、一つ目の基本的な方向としてまとめた大学経営の健全化である。大学経営が健全でなければ、その大学は倒産したり、他の大学に統合されたり合併されたりする恐れがある。かつて「象牙の塔」と呼ばれることもあった大学にも、いよいよ大学経営が重視される「大学経営」の時代が到来したのである。この「大学経営」の時代における大学の管理運営では、財政的に自立した大学経営や大学組織の合理的で効率的な管理運営が重視されるようになる。そのため大学の管理運営のあり方は、大学構成員、とくに大学教員の考え方や意思決定を重視する伝統的な同僚制的管理運営から、大学の経営責任がある理事会の理事や学長とか副学長などの上級大学管理者の権限が強い企業経営的管理運営へ変化することが期待されている。

日本の「小さな政府」による行政主導の大学改革では、八〇年代以降一貫して、各大学は自らの主体的判断と責任において、大学をとりまく環境の急激な変化に機動的に対応し、効果的運営を行っていく必要があることが謳われてきた。そのために学長のリーダーシップのもとに、適時適切な意思決定を行い、実行ができる仕組みを確立することが求められているが、そうした学長を中心とする全学的な管理運営体制の整備を目指した大学組織の再構築は、予想を超えたスピードで進められてきている。

改革の世界的動向

このような「大学経営」の時代における大学組織の改革動向を国際比較の観点から体系的に理解するために、マクネイの大学の組織文化モデルを参考にしてみよう（江原、二〇一〇年、一九三―一九九頁）。大学の組織文化とは、組織としての大学に固有で独自の価値や規範、発想の仕方や行動様式、制度的仕組み、全体的な風土や雰囲気などを総称する言葉である。各大学にとって、その組織文化は大学の歴史や従来の実績などによって形成してきた固有の資源であり、大学の個性的な発展や革新の基礎になる。

マクネイは、この大学の組織文化を二つの次元、

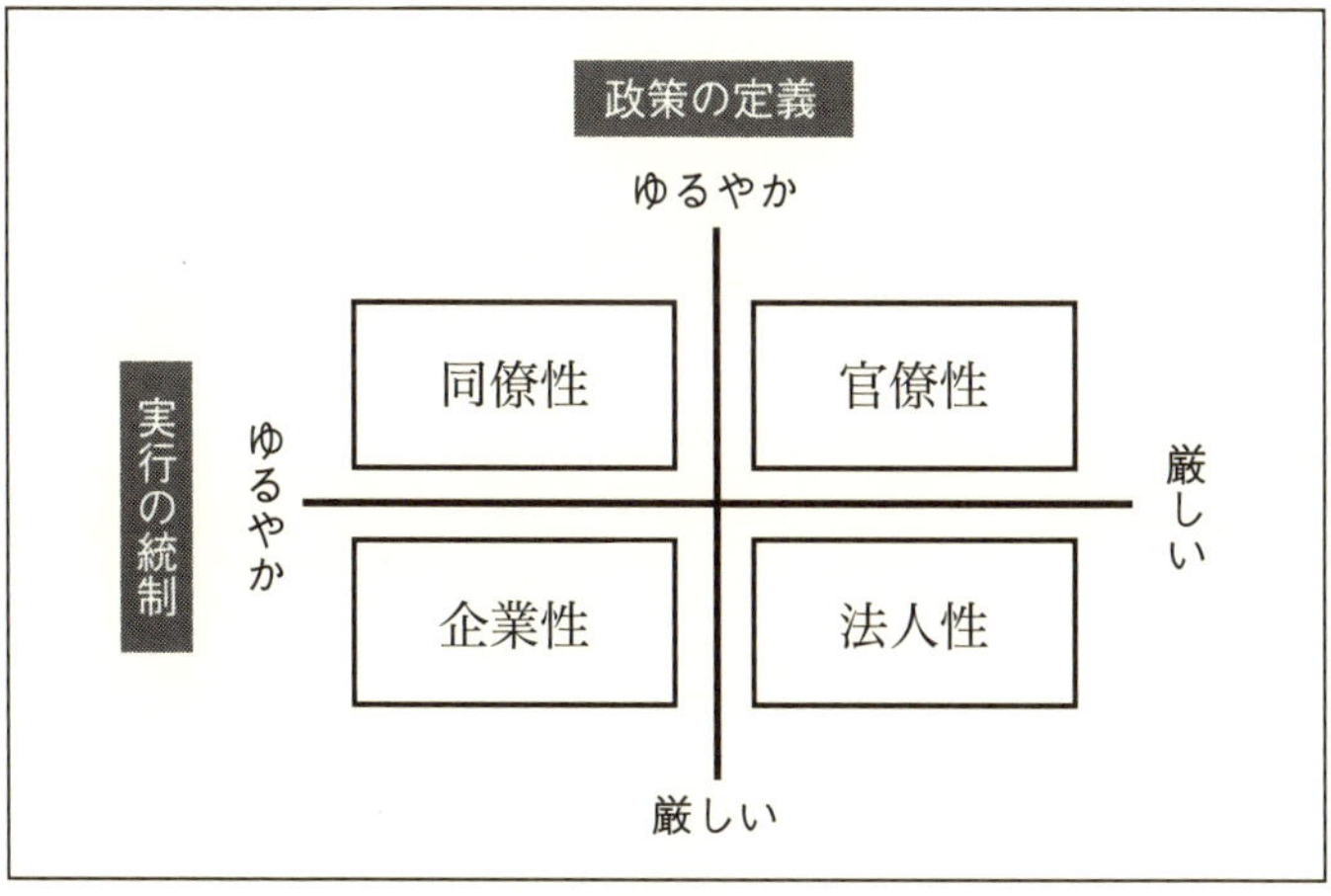

図3-1 大学組織モデルの分類

つまり(1)大学全体の政策の定義と(2)政策の実行に対する統制に注目して、それぞれがゆるやかか厳しいかによって、同僚性(コリージャム)、官僚性(ビューロクラシー)、法人性(コーポレーション)、企業性(エンタープライズ)の四つに分析的に区分する(図3－1と表3－1を参照)。

大学の四つの組織文化のうち、同僚性の組織文化は大学全体の政策の定義も、政策の実行に対する統制も曖昧でゆるやかな組織文化である。官僚性の組織文化は政策の定義は曖昧でゆるやかだが、その政策の実行に対する統制は厳しくて、所定の手続きにしたがって正確に政策を実行することが要求される組織文化である。

それに対して法人性の組織文化は両方とも

法人性	企業性
忠誠	顧客
指示	支持
大学／上級大学経営陣	下位組織単位／プロジェクトチーム
特別調査委員会と上級大学経営陣	プロジェクトチーム
政治／戦術	委譲された指導権
短期／中期	即時
危機状態	混乱状態
計画	市場競争力／学生
達成指標	継続的取引
最高経営責任者	学内外の顧客

(出所)江原、2010年、194頁を修正。

厳しい組織文化である。日本の国立大学は二〇〇四年四月から国立大学法人になり、公立大学も二〇〇五年四月から順次法人化されるようになったので、日本の国公立大学は法的な面からみると、この法人性の組織文化の特徴を強める方向に改革されたことになる。また企業性の組織文化は法人性の組織文化と同様に、大学全体の政策の目標は明確だが、民間の企業組織によくみられるように、それを実現するための手続きはゆるやかで、実施するときの場面に応じて臨機応変に変わってもよい組織文化である。

なお法人性と企業性の組織文化はどちらも大学全体の目標を重視するが、企業性の組織文化が支配的な大学では、実際に現場で活動する個々の大学構成員やグループ、プロジェ

表3-1　大学組織モデルの特徴

構成要素	同僚性	官僚性
主要な価値	自由	公正
大学の管理当局の役割	寛容	規制
優勢な組織単位	学科／個人	教授団／委員会
意思決定の場	非公式な集団のネットワーク	委員会と実施事務打ち合わせ会
管理運営のスタイル	合意	公式／「合理性」
時間の枠	長期	周期
学外環境の特徴	発展期	安定期
学内の準拠集団	専門分野	規則
評価の基礎	同僚評価	手続きの監査
大学管理者の奉仕対象	大学共同体	委員会

クトチームなどの下位組織の意思決定や主体的な行動も非常に重視される。それはちょうど民間の企業で、権限を委譲された課長クラスのミドルマネジャーが、部下のメンバーとともに所属部署の目標を達成するために、利益の拡大という会社全体の目標を見すえながら、目の前の業務を場面に応じて柔軟に進めていく場合と同じような状況にある。そのため企業性の組織文化は同僚性の組織文化と非常に近い位置にあり、その特性を活かすには、大学構成員の意思決定や行動をどのように活性化するかが重要になる。

たとえば大学教員を例にすれば、大学の組織文化が企業性の色彩を強めたからといって、大学の管理運営への大学教員の参加は同僚性の組織文化が強かったときと比べて必ずしも減るわけではない。大学全体の最終的な意思決定や達成された成果の評価は理事や上級大学管理者によって行われるにしても、実際に現場で活躍する大学教員の意思決定の権限や実行の範囲が広がったり、強化されたりすることも十分考えられるのである。

どの大学もこれらの四つの組織文化をもっているけれども、その比重は大学の歴史と伝統や使命、リーダーシップのスタイル、学外の諸力の影響などの違いによって異なっている。同僚性の組織文化が支配的な大学のイメージを例示すれば、近代大学のモデルになった研究重視型大学であるドイツのベルリン大学、アメリカのハーバード大学やプリンストン大学などの大規模有名銘柄研究大学、教授会を中心とした大学の管理運営を行う日本の大学、とくに国立大学などがある。またどの大学も近代大学であることに変わりはないから、官僚性の要素を備えているが、具体的な大学のイメージとしては、たとえばアメリカでは私立大学よりも州政府の統制が強い州立大学で、日本では私立大学よりも国公立大学で顕著にみられる組織文化である。

三つ目の法人性の組織文化が支配的な大学のイメージを例示すれば、一九八八年教育改革法によって法人化されたイギリスの旧ポリテクニク大学とか、アメリカの公立短期大学(コミュニティ・カレッジ)など、大学の歴史が浅く、大学教員の権限が比較的弱い大学によくみられる組織文化である。さらに企業性の組織文化が支配的な大学のイメージを例示すれば、アメリカのフェニックス大学やデブライ大学などの営利大学や、日本のデジタルハリウッド大学やビジネス・ブレークスルー大学などの株式会社立大学がある。

このマクネイの大学組織モデルを参考にすると、ベルリン大学を出発点とするドイツの研究重視型大学は一九世紀後半以降、日本を含めて世界的な規模で伝搬した。第二次世界大戦終結当時、近代大学の標準的なあり方を示していたのは、この大学のドイツ・モデルであり、同僚性の組織文化こそが大学組織の本質的な特徴であるとみなされていた。しかし世界の大学の組織文化は第二次世界大戦後、とりわけ「小さな政府」の大学政策が八〇年代以降各国で実施されるのにともない、全体として伝統的な同僚性・官僚性から法人性・企業性の色彩を強める方向へ大きく変化してきている。日本の日本における大学の管理運営改革もほぼ同様の方向を目指しているといってよいだろう。日本の大学における管理運営はこれまで、法的にも実際にも、大学教員によって構成される学部レベルの教授会を中心に行われてきた。とくに国立大学の学内の管理運営では、合意を基本にした自治的な同僚性の色彩が強い管理運営が尊重され、学長や学部長などの大学管理者の権限は限られていた。しかし二〇〇四年四月の国立大学法人化などを主要な直接の契機にして、日本の大学組織も同僚性・官僚性から法人性・企業性の色彩を強める方向へ大きく変わろうとしている。

その一〇年後に成立した学校教育法及び国立大学法人法の一部改正(二〇一四年)は、学長主導の大学の管理運営を確保するために、学校教育法の改正により副学長の職務や教授会の役割を明確化するとともに、国立大学法人法の改正により国立大学の学長選考の透明化や経営協議会への学外委員参画の拡充などをはかった法改正である。とくに教授会の役割は、①学長が教育研究に関する重要な事項について決定を行うにあたり意見を述べること、②学長および学部長等がつかさどる教育研究に関する事項について審議し、学長および学部長等の求めに応じて意見を述べることができることとされ、教授会に対する学長の権限を拡大して、大学における意思決定の主体は学長であることを強調している。なお日本の大学の管理運営では設置者別にみた大学の対応が重要なので、続いて設置者別に大学の管理運営改革の動向と課題を大まかに整理してみよう。

2 日本の大学の管理運営改革

国立大学法人化のインパクト

「小さな政府」の大学政策の影響を最も強く受けたのは、いうまでもなく国立大学である。国立大学は法的に国立大学法人になったので、その組織文化は法人性の色彩を強める方向に変わろうとしている。たとえばどの大学でも役員会、経営協議会、教育研究評議会、監事が設置され、学長や副学長などの上級大学管理者の権限が強化された。また各国立大学は六年間の中期目標・中期計画を策定し、自助努力による主体的で効率的な大学独自の大学経営をすることになった。

しかし法人化後一〇年ほどの動きをみると、国立大学は依然として文部科学省の出先機関であることに変わりはないが、政府直轄の単なる「出張所」から「支店」に格上げされて、より重い経営責任を問われるようになったといった方が正確なのかもしれない。各国立大学はたしかに独自の中期目標・中期計画を策定するけれども、最終的に文部科学大臣の承認をえる必要があり、国立大学評価委員会の評価も定期的に受けなければならない。それゆえ国立大学と文部科学省の関係は、あたかも私立大学と理事会の関係のようであり、文部科学省は従来の直接管理方式に代えて目標管理方式を採用するようになったが、全国のすべての国立大学を管理下に収める「影の理事会」の役割を放棄するつもりはまったくないようにみえる。

このように教育体制が中央集権的な日本では、国立大学間の多様性は今後もそれほど急速には進展しないと予想される。また日本の国立大学はイギリスやアメリカの大学のように企業性の組織文化を強めるよりも、全体として官僚性と法人性の要素を保持したまま当分の間存続し、その後次第に、企業性の組織文化を強める方向へ動いていくように思われる。

国立大学の法人化が国立大学にもたらした最も深刻な問題の一つは、大学運営の最大の基盤的財源である運営費交付金の一律削減が当初から継続していることである。科学研究費補助金の増額など各種の競争的資金の工夫により、運営費交付金の一律削減の影響はある程度緩和されているが、こうした政策が今後も長期にわたって続けば、国立大学の劣化は避けられない(大崎、二〇一四年、三九―四〇頁)。

それに加えて、国立大学の管理運営の仕組みについては、経営と教学を明確に区分し、法人としての機能や役割を強化することも重要な課題として指摘されている(天野、二〇〇八年、三三三―三三六頁)。国立大学では法人化の仕組みが確立していないこともあって、経営と教学の分離はきわめて不十分な状態にある。大学教員にとって大学の管理運営は本来の職務ではないにもかかわらず、多くの国立大学では、大学経営について素人の大学教員が大学構成員の意向投票によって、法的には強大な権限をもつ理事長を兼ねた学長に選ばれ、任期付きで就任するのが一般的である。役員会のメンバーも学長の場合と同様に、素人の大学教員が任期付きで任命されることが多い。法人の中核である事務局の規模が縮小傾向にあること、大学職員の専門性や職務能力の向上をはかる職員研修（ＳＤ）が定着していないことなども大きな問題である。

国立大学法人制度は大学の自主的運営の基盤と政府の行政改革のツールという二面性をもつため実質的な運用が難しい制度だが、その制度運用を改善し、国立大学法人の真の設置者である国民の要求や要望に対応できるシステムを整備する必要がある。大﨑によれば、そうした制度運用の改善の視点は①国立大学の目標管理の改善と②新たな大学自治の構築の二つである（大﨑、二〇一一年、一六二―一六六頁）。一つ目の目標管理の改善では、中期目標・中期計画を策定する際に網羅的項目別の目標設定をいっそう重点化し、目標管理の対象を国の大学政策にとって本当に必要な事項に限定することが求められる。中期目標・中期計画の枠組みが大学の教育や研究、社会サービス（社会貢献）などの発展にとって障害とならないようにすることも重要である。

二つ目の新たな大学自治の構築で最も重要なのは、法人と大学との関係を明確にし、法人の基本戦略と大学や学部、研究科等の主体性を適切に調和させる大学の意思決定の仕組みを作り上げることである。国立大学法人法は法人の組織・運営を定めるだけで、大学の組織・運営自体は法人との関連でしか対象としていない。そのため各国立大学法人は学校教育法の枠内で、政府や社会に対して大学が主体的、能動的に対応できる基盤となる新たな大学の意思決定の仕組みを構築しなければならない。

特徴的な公立大学の改革動向

国立大学が一斉に法人化され、新たな大学改革にとりくみはじめたことにともない、公立大学もその対応をせまられるようになった。公立大学法人の管理運営は国立大学法人と比べると、①地方公共団体の判断にもとづく法人化であること、②法人の長(理事長)が学長になることを原則としつつも、理事長とは別に学長を任命できること、③経営および教学に関する審議機関の具体的な審議事項は定款により定める仕組みをもっていることなど、各地方の状況に応じて裁量をもたせた弾力的な制度になっている。

ところで日本の公立大学は実際にはひとまとめにできないほど多種多様だが、法人化されれば、大学の組織文化における官僚性と法人性の比重は、一般的に国立大学よりも高くなるかもしれない。というのも、公立大学には設置者が同じ大学の数が少なく、大学の所在地域も府県内や市内などに限られて広くないため、大学の管理運営に対する設置自治体の権限は国立大学よりも強化されやすいからだ。

また公立大学は地域の税金で設置運営されているため、少子高齢化や国・地方公共団体の財政難を背景に、同一設置者内の大学の統合や学部学科などの改組再編の促進、教育研究の高度化と経営の合理化や効率化への圧力などがより急速に進むと思われる。それゆえそれぞれの公立大学が法人化という手段を最大限に活用し、大学改革を自らの手によって実質的に進めるためには、手持ちの条件をふまえて、大学教員の自治をベースにした法人経営をどのように構築して実施すればよいのかが鋭く問われている。

私立大学の管理運営の課題

私立大学は私立学校法により学校法人が設置する学校で、所轄庁は文部科学省である。学校法人には理事会、評議員会、監事が置かれる。また大学には重要な事項を審議するために教授会が置かれているので、私立大学の組織文化は法的にはすでに法人性の特徴を備えている。ところが一九九〇年代初頭に「冬の時代」を迎えるまで、日本の大学には定員を超える多数の大学入学志願者が殺到し、大学経営が比較的安定していたため、ほとんどの大学では大学の管理運営改革はあまり真剣にとりあげられてこなかった。

私立大学の今後の課題は、学校法人の公共性を高めるとともに、主体的で効率的な大学経営を行うために、この法人性の特徴を実質的に備えた管理運営組織を整備し、各大学の理念や方針にふさわしい独自の大学の組織文化を構築することである。とくに重要なのは、法人性の組織文化と今後その比重が高まると予想される企業性の組織文化とのバランスをどのようにすればよいのかという問題である。というのも、ますます多くの私立大学では入学者数が入学定員を下まわると予測されており、健全な大学経営がこれまで以上に強く要請されているからだ。

私立学校法改正(二〇〇四年)を契機に、私立大学は理事会や評議員会、監事を整備し、それらの権限や役割分担を明確にすることによって、学校法人の基本的な管理運営組織を改善したり、学校法人・理事会と教授会との関係をはじめ、大学の管理運営における学長の位置づけや大学職員の役割など、新しい学内外の環境変化に対応した管理運営の改革を進めたりすることを求められている。

また私立大学の管理運営では、学校法人と教学機関である大学を一つのシステムとしてとらえ、その管理運営を全体として整備することも重要な課題である。日本の私立大学の管理運営ではこれまで、理事会が大学経営を担当し、学長以下の大学管理者や大学教員が教学を担当するという、経営と教学とを相互に独立した事項としてとらえる見方があった。ところが近年のように「大学経営」の時代になると、理事会の業務に教育や研究、社会サービスなどに直結した教学問題も含めて、戦略的な大学経営を立案、実施すべきだという考え方が強まってきている。しかし重要なのは、教育や研究、社会サービスなどに関する問題には教学側、とくにそれらの活動を直接担当する大学教員の考え方を尊重して、周到に対処する必要があることである。理事会と教学側の双方向的な連携協力関係がなければ、つまりトップダウンだけでも大学は動かないし、ボトムアップだけでは大局からの的確な判断は難しいので、大学の管理運営はうまくいかないからだ。

学生納付金収入が収入の大半を占める日本の私立大学の経営にとって、学生確保は最も重要な課題の一つである。そのため各大学の入学定員充足率は大学経営の改善度を示す指標として使われることが多い。この大学の入学定員充足率は一般的に、大学の規模が大きいほど、また選抜性(偏差値)が高いほど高くなる。しかし東京大学大学経営・政策研究センターが二〇一〇年二月に実施した「大学事務組織の現状と将来―全国大学事務職員調査」のうち、私立大学分を対象にした分析によれば、これらの二つの条件を統制しても、大学の管理運営や組織風土、人事制度は大学の経営状態に影響を及ぼしているという(両角・小方、二〇一一年、一六九―一七二頁)。

より具体的にいえば、私立大学の管理運営では、理事会や教授会などのパワーバランスが適切な場合、つまり①大学の理事長が創設者あるいはその親族(オーナー理事長)ではなく、②理事のなかに職員出身の理事(職員理事)がおり、③教授会自治が強い場合に、入学定員充足率でみた大学の経営は改善される傾向がある。ただしこれは、たとえばオーナー理事長の存在そのものが問題だというわけではなく、学内のさまざまな立場の人が意見を反映させることができ、チェック機能が働くような、開放的な大学の管理運営がみられる大学は経営状態がよいということである。

また大学の組織風土については、①業務がしやすい環境で、②大学教職員の間に信頼関係があり、③大学の経営方針が共有されている場合に、入学定員充足率は高くなる。さらに適切な人事が実施されているか否かは、大学の経営状態の維持や改善には直接関係していないが、仕事のやりがいや継続性といった職員のモチベーション(やる気)の向上には一定の効果があることが明らかにされた。

こうした法人と教学機関、とくに学部教授会との連携協調をはかる組織の整備は、実際には私立大学だけでなく、どの大学にとっても緊急に解決すべき重要な課題である。さらに理事会と教学側との間に信頼関係と相互信頼にもとづく協調関係を確立するためには、法令遵守(コンプライアンス)と正当な手続き(デュー・プロセス)の二つを実質的に定着させて、大学における意思決定過程を透明化する必要がある。それから理事長や学長といった大学経営陣は、その職務にふさわしい能力を備えている必要があるだけでなく、大学のどの構成員の声にも耳を傾け、耳障りなことでも聞くことのできる広い心をもち、誰に対しても公平に対応することを、これまで以上に求められているように思われる。

3 管理運営の改革課題

大学の管理運営に不可欠な同僚性の組織文化

それでは日本の大学における管理運営の改革課題は何か。そのポイントを三つにまとめて改めて整理してみよう。三つのポイントとは、①どの大学も自分の大学にふさわしい同僚性の要素を確保した大学の管理運営の仕組みとプロセスを構築すること、②そのために日本の大学にとって適切な日本版の実践的な管理運営組織を整備すること、さらに③そうした大学の管理運営組織を運用する優れた大学アドミニストレータを組織的に育成することである。

第一に、世界の大学の組織文化は全体として、同僚性・官僚性から法人性・企業性の色彩を強める方向へ大きく変化してきている。しかし同僚性の組織文化、つまり学外の諸力に対する大学の制度的自律性と大学の自治を重視し、個人や学科の意思決定を尊重する同僚性の組織文化は、大学の革新や発展にとって不可欠の要素である。

というのも、大学がその固有の役割である知識の発見・統合・応用・教育を十分に果たすには、社会における大学の制度的自律性がある程度確保される必要があるからだ。知識の発見と統合では、専門分野の研究者や学生が学外や学内の圧力や制限を受けずに自由に活動できなければ、専門分野の発展に役立つ優れた成果を生み出すことはできない。

知識の応用も大学経営陣の判断や方針とか、政府や企業などの限られた学外の利害関係者の要求に従うだけでは、かたよったものになる恐れがある。知識の教育も学生が将来活躍するのに役立つ知識を中心に行われる必要があるから、その内容をどのようにするのかは、その知識が現在必要なのかどうかだけでなく、専門分野と社会のあり方に関する長期的な展望にもとづいて決められるべきである。しかも大学教育では初等中等教育と比べて、より不安定な知識、つまり知識の発見や統合の展開に応じて否定されたり覆されたりする契機を含んだ知識を扱うところに教育的な価値がある。そしてそれだからこそ、授業における大学教員の教育の自由や学生の学ぶ自由が求められると考えられる。

また大学は基本的に専門分野に自律性をもたせる分権的な組織編成によって成り立っているが、大学における革新は多くの場合、学科や学部、研究所、センターなどの下位組織で生まれる革新であり、それが積み重なって大学全体が変わってきた。さらに研究についてみると、たとえば独創的な研究というのは、その生まれた時点では常に少数派であり、実際には一人で発見したり証明したりするからこそ、独創的な研究として評価される。先端的な研究にとりくんでいる研究者は所属する大学や国内の同業者ではなくて、世界の少数の人びとと競争していることも少なくない。しかも独創的な研究が専門分野の学会で認められるためには、しかるべき研究者の少なくとも一人が認めればよい。その時点の主流派の研究上のマニュアル、つまりパラダイムとは違うことを発見して、はじめて画期的な研究といわれるし、それは多くの場合、個人やきわめて少数の人びとの研究成果なのである。

このように同僚性の組織文化は、大学の革新や発展にとって不可欠な要素である。もちろん大学の組織文化に占める同僚性の比重や内容は大学によって異なるが、どの大学にとっても、自分の大学にふさわしい同僚性の要素を確保した大学の管理運営の仕組みとプロセスを構築することが求められている。

ところで大学をとりまく学外の環境が厳しくなり、大学の組織文化に法人性や企業性の要素が浸透すると、同僚性の居場所はますます狭くなることが予想される。日本の大学における管理運営改革では、この同僚性の組織文化をどのように確保すればよいのか。日本の大学が今後解決すべき課題や方策を探るために、近年のアメリカの大学における管理運営改革の動向をたどってみよう。

増加した大学の管理運営における大学教員の権限：アメリカの事例

アメリカの大学における管理運営は基本的に、理事会の理事や大学管理者と大学教員を中心に学内の管理運営組織を通じて行われている。歴史的にみると、アメリカの大学では、理事や学長などの上級大学管理者の権限が法的にも実際にもきわめて強く、そのリーダーシップにより学外の諸力に対して大学の制度的自律性を確保してきた。大学教員はそのなかで学科（デパートメント）を学内の自律的な存在として確立することにより、大学の管理運営に対する権限や影響力を強めてきた。とくに第二次世界大戦後、高等教育が大衆化した時期には、大学で扱う知識の担い手である大学教員の実質的な権限も強化されて、大学の管理運営の分権化が進んだ。

その結果、アメリカの大学における管理運営のあり方は大学によって違うけれども、一般的には分離管理型管理運営、つまり大学教員と大学管理者の権限を問題領域によって分離し、大学教員は教育や研究などの教学に関する事項、大学管理者は予算の決定や大学管理者の選任などの全学的な事項について意思決定の権限をもつ管理運営の仕組みが、アメリカの大学で広く受け入れられるようになった。というのもそれは、一方で大学管理者がそれまで行使してきた権限を認めながら、教学関係の事項については大学教員の比較的独立した権限を確保できるので、当時のキャンパスの実情を反映した大学教員の参加形態だったからである。

しかし教学関係とその他の問題領域を実施の際に明確に区分できないこと、権限を問題領域によって分離して管理することが全学レベルの合意形成を阻害するように作用しやすいことなど、この方式の問題点が明らかになり、六〇年代後半から権限共有型の管理運営が新しい参加形態として注目を浴びるようになった。

権限共有型管理運営（シェアード・ガバナンス）とは、大学教員、大学管理者、その他の大学構成員が共同して大学の全学的な意思決定を行う仕組みとプロセスを意味する言葉である。大部分の大学には通常、この権限共有型管理運営を行う学内の全学的な管理運営組織として評議会や協議会、全学教員委員会が設けられている。その主要メンバーは専任の大学教員であり、小規模大学ではすべての大学教員が参加することが多いけれども、大規模大学ではしばしば学科やカレッジを代表する委員が選任される。場合によっては大学管理者の代表の他に、学生や大学職員、非専任の大学教員などの代表も重要な大学の構成員として参加するが、彼らはどちらかといえば脇役の地位にある。

アメリカ大学教授協会（AAUP）が一九六六年に、アメリカ教育協議会（ACE）、大学理事者協会（AGB）と共同で公表した「大学の管理運営に関する声明」は、大学の管理運営における大学教員の役割として、権限共有型管理運営が望ましいことを高らかに提言した歴史的な文書である。

この共同声明のポイントは、大学の管理運営に対する大学教員の権限や影響力をさらに強化することを目指していたことである。つまり一方で理事や大学管理者の最終的な意思決定の権限を受け入れるが、大学教員が大学教員自身の身分や教育プログラム、研究といった教学関係の事項について主要な責任をもっていることを正式に認めただけでなく、大学全体の目標設定や計画、予算、大学管理者の選任といった全学的な方針や政策の意思決定にも、大学教員が理事や大学管理者と共同して参加することの重要性を表明したのである。

ところが七〇年代後半以降、大学をとりまく学外の環境が厳しくなると、アメリカでも大学の組織文化は全体として、法人性・企業性の色彩をいっそう強める方向へ移行し、大学経営を効率的で効果的なものにするために、大学の管理運営は大学管理者主導で再び中央集権化し、理事や大学管理者の権限強化がはかられるようになった。たとえば大学理事者協会は一九九六年に、一方で権限共有型管理運営をアメリカの大学制度の長所として支持しながら、学長がより効果的で強力なリーダーシップをもつ必要があることを提言した報告書を公表した。また多くの大学では、大学管理者主導で、企業の管理運営をモデルにした戦略的計画や競争的な経営、強力な大学管理者のリーダーシップなどが導入されるようになった。

したがってアメリカの大学の管理運営改革では、権限共有型管理運営をいっそう進めて、大学教員が大学の大部分の問題領域で理事や大学管理者と完全に共同して全学的な意思決定を行う方向を目指すよりも、大学教員と理事や大学管理者の権限を問題領域によって分離する、従来の分離管理型管理運営を改革して、両者の権限の適切なバランスをはかる方向を目指しているといってよい。

浸透した権限共有型管理運営の考え方と仕組み

こうしたアメリカの大学における管理運営改革の動向を、コーネル大学高等教育研究センターが二〇〇一年に実施した全米規模の「二〇〇一年大学管理運営調査」の結果によって確かめると、大学教員は教育や研究などの教学に関する事項や、専任教員の採用や終身在職権の決定といった大学教員の地位に関する事項などについて、また理事や大学管理者は予算の決定や、学部長などの大学管理者の選任、大学の建物や施設設備の建設計画などの全学的な事項について意思決定の権限をもつ管理運営の仕組みが定着していることが分かる。

なおこの傾向には大学のタイプによってそれほど大きな違いはない。それから一九七〇年以降の三〇年間の変化でとくに重要で注目する必要があるのは、大学の管理運営に関するほとんどすべての問題領域の意思決定で大学教員の権限が増加して、権限共有型管理運営の考え方や仕組みが(問題領域によって濃淡はあるが)浸透したことである(江原、二〇一〇年、二二三―二二五頁)。

たとえば代表的な大規模有名銘柄研究大学の一つであるスタンフォード大学についてみると(ホーン川嶋、二〇一二年、二〇―二三頁)、約一五〇〇人の大学教員で構成される教授陣は五五人の代表からなる全学教員評議会（アカデミック・カウンシル）によって代表され、この評議会には七つの委員会（大学院教育、学部教育、研究、入学、学費援助等）が設置されている。

スタンフォード大学の管理運営における教授陣の地位は過去においては弱かった。しかし今日では教授陣の発言権は大きく、大学の方向策定に大きくかかわっているので、学長は教授陣の支持なくして大きな改革を実行することはできない。教授陣と衝突が続けば学長はリーダーシップを発揮できないからである。そのため学長をはじめ大学経営陣は、まずニーズ評価委員会を設置して、学部や学科の意見やアイデアをボトムアップで吸い上げ、大学全体のビジョンとプランを作り、それを学部・学科へと下ろすという、ボトムアップとトップダウンの両方の流れによって、学内のコンセンサスと幅広い支持を獲得し、その上で強いリーダーシップによる大学改革を実行したという。

今日のアメリカの大学の管理運営では、理事や大学管理者によって全学的な方針や政策が基本的に決められ、大学教員をはじめ他の大学構成員はこれまで以上にその実現に寄与することを要求されるようになった。しかし他方で、全学的な方針や政策を実現するための具体的な意思決定や実行は実際に現場で活躍する大学教員や教授陣によって行われるため、彼らの意思決定の権限や実行の範囲は広がったり強化されたりしたのである。

また大学の管理運営では、意思決定の内容が合理的で適切であるだけでなく、それらの意思決定が正当な手続きで行われたものとして大学構成員に受け入れられると、円滑に実施されやすいところがある。その点では、権限共有型管理運営は同僚性の色彩が強く、理事や大学管理者と大学教員が共同して協議し、両者による正式の合意にもとづいて大学の全学的な意思決定を行う仕組みなので、その意思決定のプロセスは正当なものだとみなされ、両者の利害関係や期待も一致しやすい。そのため多くの大学では、理事や大学管理者の権限強化をはかるとともに、大学教員との協調や信頼関係を想定した権限共有型管理運営の考え方や仕組みがいっそう導入されるようになったと考えられる(Birnbaum, 2004, pp.12-15)。

このようにアメリカの大学が厳しい学外環境や財政状況に対処するために、従来の分離管理型管理運営を改革して、より合理的で効率的な仕組みとプロセスを構想するだけでなく、大学の中核的な価値を軽率で性急な行為によって損なわないために、同僚性の色彩が強い権限共有型管理運営の考え方や仕組みを巧みに活用してきたのは、理事や大学管理者と大学教員の権限の適切なバランスをはかる方策として、きわめて実質的で意義のある試みであったといってよいだろう。権限共有型管理運営については賛否両論があり、具体的な実施状況も実際には多様だが、大学をとりまく状況に応じて、その意義や意味をあらためて検討したり吟味したりすることが、大学の管理運営に携わる者にとって重要なのである(Crellin, 2010, pp.73-74, p.80)。

別のいい方をすれば、大学の管理運営の二つの方式、つまり欧州の中世大学以来の長い伝統をもち、同僚性の色彩が強い大学教員による大学の管理運営と、理事や大学管理者主導による近代的な大学の管理運営とのあいまいな組み合わせは、アメリカの大学にとって必要不可欠な伝統と革新のバランスをもたらす精妙な装置でもあったといってよいだろう。

アメリカは「小さな政府」の大学政策の影響が顕著にみられ、大学の組織文化に占める法人性や企業性の比重が非常に高い国の一つである。しかしそのアメリカの大学でも、中央集権的な大学の管理運営を円滑に行うために、大学構成員、とくに大学の教育研究活動に直接従事する大学教員の意思決定の権限や実行の範囲を広げてきた。そうした動向は日本の大学における管理運営改革を構想する際にも、非常に重要な視点を提供しているように思われる。

4 実践的な管理運営組織の整備

日本の大学にふさわしい実践的な管理運営組織の整備

日本の大学における管理運営改革の二つ目のポイントは、日本の大学にとって適切な日本型の実践的な管理運営組織を整備することである。

日本の大学における学内の管理運営はこれまで、大学教員によって構成される学部レベルの教授会を中心に行われてきた。とくに国立大学の管理運営では、合意を基本にした自治的な同僚性の管理運営が尊重され、学長や学部長などの大学管理者の権限は限られていた。そのため一九八〇年代以降の行政主導の大学改革では、大学をとりまく環境の急激な変化に対応して効果的な大学経営を行うために、各大学が学内の管理運営組織を改革し、学長のリーダーシップのもとに、全学的な大学の管理運営を実施できる仕組みとプロセスを整備することが要請されるようになった。大学教員の考え方や意思決定を過度に重視し自治的な同僚性の色彩がきわめて強い大学の管理運営を、大学の経営責任がある理事会の理事や学長とか副学長などの上級大学管理者の権限が強い大学の管理運営へ改革することが目指されてきたのである。

こうした理事会の理事や上級大学管理者の権限が強く、法人性や企業性の組織文化が支配的な大学の管理運営の仕組みとプロセスは、今後も一般論として、日本の大学における学内の管理運営にいっそう深く浸透して定着することが強く望まれる。しかしそれと同時に、アメリカの大学における権限共有型管理運営の動向をみても分かるように、個人や学科の意思決定を尊重する同僚性の組織文化は、大学の革新や発展にとって不可欠な要素であり、それをどのように確保すればよいのか、日本の大学にふさわしい管理運営組織の整備が求められている。

ところで大学の管理運営改革の論議では、大学は民間企業の管理運営組織を参考にした改革を実施する必要があることがよく主張される。しかし企業組織の改革で評判になった革新的な組織形態を導入したからといって、その大学の管理運営が効率化するわけではない。またどの国の大学改革をみても、唯一で最適な大学の管理運営のあり方が確立しているわけではないから、各大学はその歴史や制約条件をふまえて独自のあり方を工夫し、状況の変化に応じて漸次的に合理的な管理運営組織の仕組みやプロセスを構築していくことになる。それゆえ誰もが納得する日本の大学にふさわしい管理運営組織のモデルを提示することは、もとよりできない相談だけれども、いくつか考慮すべき条件について整理してみよう。

日本的経営と大学の管理運営

第一に、実践的な管理運営組織の整備に対する基本的な考え方についてみると、日本の大学は同じ日本の近代組織の一つとして、日本社会にそれなりに定着して機能してきた企業組織の日本的経営の特徴を考慮し、それをベースにした日本型の実践的な大学管理運営組織の整備を目指すべきだろう。

日本的経営とは、日本企業に特徴的な考え方や経営慣行を総称する言葉である。日本的経営の特徴としてよく指摘されるのは、終身雇用制、年功賃金制、企業別労働組合の他、集団的意思決定、稟議制、新規学卒一括採用などである。一九九〇年代に日本経済のバブルが崩壊すると、この日本的経営は国内外で評判を著しく落としたまま現在に至っている。しかしこの間に企業組織をはじめ、日本の近代組織が劣化したのは事実だとしても、日本の組織の本質的な部分を維持しながら、日本社会にとって望ましい経営をしていくにはどうすればよいのかを考えるのが組織論にとっては重要であり、それは大学の管理運営組織の改革論議にもあてはまることである。

たとえば多くの日本の企業人はコア人材の長期雇用をいまだに大事だと考えているとしたら、それを日本の組織の本質的な部分の一つとしてとらえ、その是非と改革の方向を考察することが求められる。また円滑な組織運営のためにはタテのヒエラルキーを単純なものに維持しておくことや、重要なポストに決断のできる人材を配置することが肝要だとしたら、目新しいだけの最新の組織デザインに過剰な期待を抱いて追いかけるよりも、そうした観点から組織の現状を冷静に分析し、現実的な管理運営組織の仕組みやプロセスを構想する必要がある(沼上、二〇〇三年、一一―一二頁：沼上、二〇〇四年、二九三―二九四頁)。

コア人材の長期雇用を重視するということは、人材育成の観点からみれば、将来経営管理職に就く人材を内部で育成し昇進させていくことを基本的に意味する。しかも少人数ではなく、ある程度の数のコア人材を育成する場合には、彼らをまず「現場」に近い場所に配属する必要がある。大学でいえば、たとえば各学部の業務を担当する学部事務室などに配属し、数年にわたって競わせながら複数の上司による評価を加え、育成しながら選抜することになる。

組織で働く者は日々の仕事を通じて学び、周囲の人々から得られる賞賛や批判をふまえて自らを修正しながら成長していく。そのためコア人材の育成にとって現場を重視したり、日常の業務に就きながら行う職場内訓練(ＯＪＴ)を重視したりするのは適切なことだが、それに加えて、彼らが事業全体を考える余地を与えられたり、事業全体を見渡す仕事を任されたりする機会を提供することにも配慮する必要がある(沼上、二〇〇四年、二九五—二九七頁；沼上、二〇〇九年、三二八—三二九頁)。

大学組織の特性

第二に、大学組織の特性についてあらためて整理しておこう。すでにくりかえし指摘しているように、大学は基本的に専門分野に自律性をもたせる分権的な組織編成によって成り立っている。大学における革新は多くの場合、学科や学部、研究所、センターなどの下位組織で生まれる革新であり、それが積み重なって大学組織全体が変わってきた。それゆえ実践的な管理運営組織を整備する際には、全学レベルの将来計画の策定や実施を円滑に進めるための仕組みやプロセスの構築ももちろん重要だが、それに加えて学部や研究科などを基本的な組織単位にした将来計画の立案や実施、さらにそれらの個別の活動を積み上げて全学的な将来計画を立案したり実施したりするための仕組みやプロセスの構築にも留意すべきである。

また実質的な大学の管理運営を実施するためには、大学全体の理念や目標を理解するとともに、改革の基礎になる手持ちの人的・物的資源や条件の状況が分かる(はずの)ミドルマネジャー、つまり各学部や研究科などの執行部と、全学組織を構成する各部局の部次長クラス、あるいは課長クラスまで含めた大学管理者の権限を強化して、彼らが責任のある改革を状況に応じて柔軟に遂行できる仕組みを構築する必要もあるだろう。日本的経営では、ミドルマネジャーがトップとボトムの間をつなぐ「ミドルアップダウン・マネジメント」が機能して、会社を支えているところがあるが、大学組織にも同じような仕組みを導入することが求められるのである(中原、二〇一四年、二四九頁)。

大学組織の二つ目の特性は大学が基本的に非営利組織だということである。大学は初等中等学校や保健医療機関、刑務所などと同様に、公共的なサービスを提供し、政府の公的資金の支援を受ける機関として近代社会にくみこまれて発展してきた。しかも重要なのは、「小さな政府」の大学政策が今後さらに進展して公的資金の援助が大幅に減少しても、政府が大学への関与を放棄することは決してないし、大学も公的資金が投入されなければ存続できないことである。その意味では大学はもともと経済的に自立した私的企業とは違った社会的役割と組織的特性をもっていることを、大学の管理運営組織の改革論議では常に想起する必要がある。

アメリカは大学の組織文化に占める法人性や企業性の比重が非常に高い国の一つであり、営利大学も学校数でみると、この三〇年ほどの間に急速に伸びている。しかしそのアメリカでも、受け入れ学生数でみれば、その比率は小さく、しかもパートタイム就学を希望する年配の成人学生などの非伝統的学生を数多く受け入れている。したがって大学関係者の目からみれば、伝統的な非営利の大学は依然としてアメリカ社会にとって最も重要な人材育成装置であり、しかも営利大学と共存できると考えられている(ブレネマン他、二〇〇六年、二一一五頁)。

というよりもアメリカの大学では、経済原理を本来入れるべきではない大学の世界にそれを導入することで弊害ばかり生じているという指摘も少なくない。大学は研究やスポーツに限らず、さまざまなキャンパスでの活動を金儲けに変えようとしているが、必ずしも利益は出ていないのである（宮田、二〇一二年、二七五、三一八頁）。また近年の連邦政府や州政府の政策のなかで大学政策の優先順位は決して高くはないけれども、非営利の高等教育機関への財政援助の意義はある程度大学政策に反映されている。日本の大学における管理運営組織の改革でも、こうした非営利組織としての大学の管理運営のあり方をどのようにすればよいのかが正面から問われる必要がある。

5　「大学経営」の時代における大学アドミニストレータの育成

大学アドミニストレータの構成と役割

それでは、このような特徴をもつ大学の管理運営を実践する人材、つまり大学アドミニストレータの育成についてはどのように考えればよいのか。日本の大学における管理運営改革の三つ目のポイントとして、大学アドミニストレータの組織的な育成に注目してみよう。大学アドミニストレータとは、幅広い見識や専門的知識をもち、学生や企業、政府などといった利害関係者のさまざまなニーズ（要求）や大学をめぐる厳しい環境を十分に理解し、自分の大学の管理運営の長所を生かして、大学の発展にとって何が求められているのかを考えたり、実行できたりする人材である。

日本の場合、従来の国立大学や歴史と伝統のある私立大学をはじめ、多くの大学では、学内の管理運営は主に大学教員出身の大学管理者が行ってきた。ところが研究や教育の面で優れている大学教員だからといって、必ずしも管理運営の能力があるわけではない。今後も大学教員は大学アドミニストレータの主要な供給源であり続けると予想されるが、大学の管理運営に対する関心や潜在能力がある大学教員の選出や処遇、研修方法などを確立する必要がある。

それに加えて今後は、幹部職員や大学職員の中核になる正規職員には、日常の大学運営の業務現場で、管理運営の能力を発揮することがますます求められるようになる。というのも、彼らの多くは大学教員と違って、大学の管理運営を学問上の専門分野にとらわれることなく、公平かつ広い視野で眺められるので、大学内部の資源獲得競争、つまり学内政治の激化に前向きに対処することができる。しかも大学職員はフルタイムで大学の管理運営に参加でき、大学教員のようにそれを「雑務」として軽視する必要もないため、勤務先の大学にとって的確で良質な大学経営を行う人材として期待できるからである(山本、二〇一二年、一三四―一三五頁)。

さらに大学職員は大学の管理運営の面でも、大学教員と協働して活躍することがいっそう要請されるようになってきている。ところが日本ではこれまで、学内外を問わず、幹部職員をはじめ、管理運営の力量がある大学職員を組織的に育成する仕組みはきわめて不十分だった。大学教員を対象にした教員研修(FD、ファカルティ・ディベロプメント)に加えて、大学職員を対象にした職員研修(SD、スタッフ・ディベロプメント)が、近年日本でも注目を集めるようになったのは、こうした背景があるからだ。

なお私はこの一〇年間ほど、所属大学や大学連合組織が実施する教員研修や職員研修に従事してきたが、その限られた実践経験からみても、これらの研修事業にはいくつもの課題が山積しており、日本の大学にふさわしい研修として定着するには、しばらく時間がかかるように思われる。またさまざまなプログラムが次々と開発され、試験的に実施されているけれども、いずれも発展途上の段階にあることを強く感じている。

求められる自発的参加を基本とした自律型キャリア開発

このような大学アドミニストレータの育成で求められるのは、大学教職員の自発的参加を基本とした自律型キャリア開発である。というのも、大学の管理運営では、トップダウンの意思決定だけでは大学は動かないし、ボトムアップの意思決定を積み上げただけでは全学的な観点からみた的確な判断は難しいため、大学教職員の参加と合意形成を促す双方向的なリーダーシップが求められるからだ。

また大学教育の使命が社会で活躍する自律した人間の育成にあるとしたら、大学という職場で働く大学教職員自身もその意味を理解し、自らの仕事を通して自律的に生きていく人間でなければならないだろう。それゆえ大学の管理運営では、自律した個人のモチベーション(やる気)に主に依拠しながら、その個人のキャリア開発を支援するとともに、組織の目標達成のためのさまざまな具体的な実践を行う必要がある(肥塚、二〇一〇年、八七―八八頁:大場、二〇一一年、二六八頁)。

ところで興味深いことに、企業をはじめ日本の多くの組織の人材育成でも、組織が個人のキャリアに最終的な責任をもたない代わりに、個人が自律的にキャリアを開発し、組織はそれを支援するにとどまる、という組織と個人の関係が注目されるようになってきている。組織の成長と発展のためには個人のキャリアをできるかぎり支援することが、組織の成果を向上させる鍵になると考える組織が増えてきているからである。

そのため経営学の分野では一九九〇年代以降、「学習する組織」や「教育する組織」などをキー・ワードにした組織変革論が注目されるようになった。学習する組織(ラーニング・オーガニゼーション)とは、環境の変化に対応して、自ら新たな知識や技能、態度を獲得したり生成したりする仕組みを備えた組織を意味する言葉である。厳しい環境変化に対応して組織が生き残るには、組織として学習できることが重要なのである(高間、二〇〇五年、一五〇―一五一頁)。

この言葉が世界的に流布される直接の契機になったのは、一九九〇年に刊行されたセンゲの『学習する組織』である。センゲによれば、学習する組織は、人びとが絶えず、心から望んでいる結果を生み出す能力を拡大させる組織であり、新しい発展的な思考パターンが育まれる組織、ともに抱く志が解放される組織、ともに学習する方法を人びとが継続的に学んでいる組織である。

学習する組織の核心にあるのは認識の二つの変容、つまり①自分自身が世界から切り離されているとする見方から、つながっているとする見方への変容と、②問題は組織の「外側の」誰かとか何かが引き起こすものだと考えることから、いかに私たち自身の行動が自分たちの直面する問題を生み出しているのかに目を向けることへの変容である。その意味では、学習する組織は、いかに私たちの行動が私たちの現実を生み出すのか、そして私たちはいかにそれを変えられるのかを継続的に発見し続ける場でもあるという(センゲ、二〇一一年、三四、四八頁)。

ティシーとカードウェルが執筆した『リーダーシップ・サイクル』は、「教育する組織をつくるリーダー」という副題をもったリーダーシップ論であり、勝利する組織は教育する組織であると主張する(ティシー・カードウェル、二〇〇四年、二三—二四、五八、六三、五〇〇—五〇二頁)。教育する組織(ティーチング・オーガニゼーション)とは、全員が教え合い、全員が学び合う双方向の教育と学習が日常活動のなかにきめ細かく織り込まれている組織を意味する言葉である。この教育する組織はおもしろく、楽しく、働きがいのある場所であり、そこで働く者の頭脳をフルに生かし、チームの勝利に貢献させることができる。具体的な組織のイメージを描くために例示されているのは、プロ・スポーツチームやオーケストラなど、非常に要求度が高く、規律はあるが、働く者が創造性をそれなりに自由に発揮することができる組織である。

民間の企業組織の場合、その最終的な目標は利益ある成長を続け、価値創造を継続することである。そのためには組織はその規模効果を活かしながら、すばやく顧客に価値を提供しなければならないが、それができる企業は、エネルギーにあふれ、何をすべきかをすばやく判断し、いちいち上からの指示を待つことなくそれを実行できる優秀な人材を備え、しかも彼らのベクトルが合っているような企業である。そして教育する組織は、組織の全階層で双方向の教育と学習を進めていくことにより、そうした人材を育成したり活躍させたりすることができる組織なのである。

学習する組織も教育する組織も双方向の教育と学習を重視するが、それは単に研修を行えばよいのではなく、日常業務の場が同時に教育と学習の場ともなっているのかどうかが組織づくりの鍵を握っている。しかも一部の社員だけを「次世代経営幹部研修」と称して教育しても、組織が持続的な成長を果たす上での効果は疑問であり、それに参加しない人びとのリーダーシップの育成にも努めなければ、研修の効果は期待できないという。そしてこうした双方向の教育と学習を重視する人材育成の方法は、日本的経営を支えてきたコア人材育成の方法、とくにＯＪＴでの教育や一部の特定社員に限られない教育といった、日本の企業が長年にわたって実践してきた日常業務を通じた社員の教育とも重なるところがある。

経営学の分野では近年、このような人材育成の方法がアクション・ラーニングとしてまとめられ、大きな関心を寄せられている。アクション・ラーニングとは、実際の経営上の課題に対して、学習者が自分自身で解決策を考え、実行・検証・問題解決を行うことで、個人や組織として学習し、成果を生み出す過程を意味する言葉である。このアクション・ラーニングでは、学習者は受け身の学習ではなく、学習内容と現実問題との乖離を解消し、経験を通して行動の変化を起こすような能動的な学習を行うことを期待されている(高間、二〇〇五年、一五九―一六〇頁)。

ところでこうしたアクションと学習を結びつけた経験学習は、実は大学教育でも積極的な導入がはかられ、サービス・ラーニングやプロジェクト・ベースト・ラーニング(PBL)、コーオプ教育などといった大学外・授業外・教室外での実際のアクションをとりいれた教育実践が広く行われるようになってきている(河井、二〇一二年、一三五頁)。大学改革では、将来の予測が困難な流動的な社会に向き合って、将来の社会で活躍することが期待されている学生を育成する大学教育実践だけでなく、大学職員の研修や大学組織の変革でも、こうした能動的な学習の機会が強く求められているのである。

このような観点から、大学教職員の自発的参加を基本とした自律型キャリア開発を構想したり、実施したりするには、さまざまな課題に対処する必要がある。たとえば各大学はその歴史と伝統、大学をめぐる状況などに応じて、自分の大学にとって望ましい大学アドミニストレータのイメージを明確にすべきだろう。大学アドミニストレータは大学教員からも大学職員からも採用されるが、その比率や活動の範囲にはある程度の違いがあるはずである。また人事の育成方法も八割方は同じだと思われるが、まったく同じではないはずだ。さらに学習するのは組織の個々のメンバーではなくて、組織そのものであることも常に忘れるべきではないポイントである(大場、二〇一三年、一六二―一六三頁)。

それから日本の大学の管理運営は今後、これまでよりも中央集権化する必要があるのはまちがいないように思われる。しかしそれと同時に、大学教員の教育研究面での主体的裁量を尊重したり、大学職員と学生を含めた大学構成員の意思決定ルートへの公正な参加方式を構築したりすることも非常に重要な課題である。大学構成員の意思や要求を尊重する観点から大学の管理運営の問題を考えるときには、大学教員や大学職員の意向ももちろん重要だが、学生の全学的な意思決定への参加ルートにも目を配る必要がある。とくに日本では今後学生人口が長期にわたって減少するが、そうした厳しい経営環境のなかで、大学教育やキャンパスの施設設備の改善などといった学生向けの大学改革を効果的なものにするには、大学にとって直接の利害関係者である学生の意向や要望をこれまで以上に考慮する必要があるだろう。

第四章 大学評価の展開

1 日本の大学評価制度の仕組み

事前規制から事後チェックへの転換

大学評価とは、大学等の高等教育で行われるさまざまな活動の実態を、関連した情報や資料をできるかぎり科学的な手続きで収集・分析して明らかにするとともに、それらの活動の意義や価値、問題点などを判断したり評価したりして、その成果を実践的に活用することを意味する言葉である。この日本語の「大学評価」に近い意味をもつ英語は「アカデミック・エバリュエーション」だが、「ユニバーシティ・エバリュエーション」も使われることがある。

評価そのものは高等教育にとって不可欠な活動であり、学生や大学教員の個人的な評価には長い歴史がある。また大学評価は高等教育研究のテーマの一つとして、日本でも一九七〇年代後半から一握りの研究者を中心に行われてきた（たとえば天城・慶伊、一九七七年：慶伊、一九八四年）。しかし大学評価が日本の大学関係者の関心を広く集めるようになったのは、一九九一年の大学設置基準などの大綱化で、大学の自己点検・評価の実施と公表がすべての大学が「努めなければならない」課題として明記されてからである。

それまで日本の大学は大学設置基準などによって厳しく規制されていたが、このときから規制が緩和され、大学教育の教育課程（カリキュラム）の構成などを自由に決めることができるようになった。ところがそうすると、同じ学位でもその内容や水準に違いが出てきたり、手を抜くところが出たりする恐れがあるため、各大学にはその教育研究水準の向上をはかり、大学の目的や社会的使命を達成するために、教育研究活動などの状況について自己点検・評価し、継続的に改善していくことが努力義務として要求されたのである。

その後、大学審議会答申「二一世紀の大学像と今後の改革方策について」（一九九八年）や中央教育審議会答申「大学の質の保証に係る新たなシステムの構築について」（二〇〇二年）などをふまえて、学校教育法が二〇〇二年に改正され、大学評価はよりいっそう強力な法的裏づけをもつ制度として日本の高等教育に導入された。大学の自己点検・評価の実施と公表はすでに一九九八年に義務化され、それに加えて大学や学部等が選任する学外者による外部評価がもりこまれ、第三者評価、つまり当該大学の教職員以外の者による検証も努力義務になっていた。しかしこの改正にともない、これらの大学評価はより上位の法令である学校教育法で規定されることになった（学校教育法第一〇九条）。

またすべての大学（短期大学と高等専門学校を含む）は認証評価、つまり文部科学大臣の認証を受けた評価認証機関による評価を受けることも、新たに義務づけられた。それに先だって、国立学校設置法の改正（二〇〇〇年）により、学位授与機構を改組した大学評価・学位授与機構が、国立大学を主な対象にした評価の情報収集・提供や調査研究を任務とする国立の評価機関として創設されている。さらに二〇〇四年に法人化した国立大学の場合、各大学は六年間の中期目標と中期計画を策定するが、その実績を国立大学法人評価委員会に報告して、評価を受けなければならない。これは法人化した公立大学の場合もほぼ同じである。しかも国立大学の場合、二〇一〇年にはこの第一期の実績評価にもとづいて、各大学に対する第二期の政府の財政支援額も決定された。

このようにみると、「小さな政府」、つまり政府の権限を縮小し、国民の自助努力や市場競争の原理を重視する、現在の日本の政府による行政主導の大学評価政策は、大学設置基準などによる厳しい「事前規制」から、改革の成果を問う「事後チェック」も重視する方向へ大きく変わってきた（江原、二〇〇五年、七、三五頁）。政府が規制を緩和して、大学の自助努力を促し、市場競争の原理を導入すると、政府の権限は弱まるようにみえる。しかし実際には学校教育法にもとづく大学評価制度の導入などにより、政府の権限はかえって強化されることになったのである。

こうした一連の政策の進展は、それが大学にとって「上からの」外圧であり、しかも大学評価そのものが大学関係者にとってなじみのない未知の課題でもあったために、大学側に混乱がみられたり、受け身的な対応を示したりするところも少なくない。アメリカやイギリスなどと比べると、形式的な評価が支配的で、市場競争の原理が働きにくい日本では、大学評価もなかなか根づきにくいのかもしれない。しかし大学評価が大学の教育研究水準の向上をはかり、その目的や社会的使命を達成するために重要な役割を果たすのは疑いのないことであり、日本の大学にふさわしい大学評価、とくに大学の自己点検・評価を中核とした大学主導の大学評価を実質的に定着させるのは、日本の大学改革にとって十分意義のあることである。

この章では、そうした観点から、日本の大学評価制度の仕組みや特徴をまとめるとともに、大学主導の大学評価にとって最も重要な大学の自己点検・評価の改革課題と今後の大学評価の改革の方向を整理する。

大学評価の分類と構造

日本では現在、どのような種類の大学評価が行われているのか。大学評価では、何を(評価の対象)、どのように(評価の方法)評価するのかという技術的な問題も大切だが、よりいっそう重要なのは、誰が（評価の主体）、何のために（評価の目的）評価するのかを理解することである。ここでは、四つの要素のうち後者の二つ、とくに評価の主体に注目して、日本の大学評価制度の仕組みを整理してみよう。

評価の主体は、①行政機関（政府、とくに文部科学省や地方公共団体など）、②第三者組織（大学基準協会や大学評価・学位授与機構、日本技術者教育認定機構、その他の大学連合組織など）、③大学（大学や短期大学、高等専門学校などの高等教育機関）、④その他（マスメディア、民間の評価会社、企業や政党、納税者としての市民、高校関係者、受験産業などの学外の利害関係者、保護者と学生など）の四つに区分することができる（表４－１）。

このうち④その他に含めた評価主体も広い意味での第三者組織である。各大学にとっては、それらの大学評価の方が学生確保や大学のイメージ形成のために重要かもしれないが、ここでは、公共財としての高等教育を公的な組織として評価する組織と区別して、④その他に分類している。またこれらの評価主体は利害関係者（ステークホルダー）、つまり大学が行う教育や研究、社会サービス（社会貢献）といった諸活動に対して利害関係をもつ人びとや組織としても位置づけられる。

こうした大学評価の分類を採用するのは、各大学が教育研究などの状況について自主的に分析・評価し、その成果を自己改革のために実践的に活用する自己点検・評価を中核にした大学評価制度を定着させることが、日本の大学改革にとって重要だと考えるからである。

　国際比較の観点から大学をとりまく学外の大学評価制度についてみると、日本と同様に、主に政府による設置認可によって大学の質の向上をはかってきた欧州連合(EU)の国ぐにをはじめ、どの国の政府も国民国家の枠組みを前提にして、自国にふさわしい大学評価制度を構築することを目指している。しかし大学評価の形態としては、多くの政府は直接個々の大学を評価するのではなくて、政府から一定の距離を置いて独立性を保った学外の第三者組織による大学評価を制度として導入し、各大学の自主的な自己点検・評価を促進したり、方向づけたりする仕組みを構築しようとしている。それはアメリカで発達してきた仕組み、つま

表4-1　大学評価の分類

①行政機関………	評価の主体は政府、とくに文部科学省や地方公共団体など。大学の設置認可にともなう設置評価、法令による大学評価の実施要求、国立大学法人評価、競争的な公的資金配分政策など
②第三者組織……	評価の主体は大学基準協会や大学評価・学位授与機構、日本技術者教育認定機構、その他の大学連合組織など。機関別評価、専門職大学院の専門分野別評価など
③大　学…………	評価の主体は大学や短期大学、高等専門学校などの高等教育機関。大学の自己点検・評価など
④その他…………	評価の主体はマスメディア、民間の評価会社、企業や政党、納税者としての市民、高校関係者、受験産業、保護者などの学外の利害関係者。大学ランキング、入試偏差値、卒業後の進路状況など

り連邦政府や州政府の権限が相対的に弱く、主に地域別適格認定協会や専門分野別適格認定協会が第三者評価の役割を果たす大学評価制度をモデルにしたものである。

2 評価主体別にみた大学評価の改革動向

強化される行政主導の大学評価

はじめに行政機関が評価主体である大学評価に注目してみよう。政府行政当局主導の大学評価として代表的なのは、大学の設置認可にともなう大学評価である。文部科学省は大学設置・学校法人審議会（大学設置分科会）に委嘱して、大学設置基準などを適用した大学の設置評価を行っている。

大学設置基準は一九五六年に、大学基準協会の「大学基準」（一九四七年）に変更を加えて、文部省令として制定された。それまで文部省（現、文部科学省）は大学・学部・学科の設置認可にともなう事前審査の評価基準として、民間団体の大学基準協会が会員資格審査用に制定した大学基準を使っていたが、独自の基準を制定して大学の設置認可行政の権限を強めたのである。

その後、高等専門学校設置基準（一九六一年）や大学院設置基準（一九七四年）、短期大学設置基準（一九七五年）なども文部省令として制定された。これらの設置基準を適用した設置評価が大学のあり方に大きな影響を及ぼしてきたのはよく知られている。大学は設置基準、とりわけ形式的で画一的な数量的基準を満たすために躍起となり、膨大な事務処理に忙殺された。この厳しい「事前規制」は、九一年の大学設置基準などの大綱化を契機に大幅に緩和されてきているが、大学の設置認可にともなう設置評価が文部科学省によって行われていることに変わりはない。

二つ目の政府行政当局主導の大学評価は、法令によって大学評価の実施を各大学に要求したことである。この要求は九一年の大学設置基準などの改正で大学の自己点検・評価の実施と公表を努力義務として明記することから始まったが、その後一〇年間の間に次第に強化され、二〇〇二年の学校教育法の改正により、大学評価はよりいっそう強力な法的裏づけをもつ制度として日本の高等教育に導入された。

それは各大学に大学評価の実施を要求するものであって、政府行政当局自体が個別の大学を対象とした大学評価を直接実施するわけではない。しかし各大学はその教育研究などの状況について自己点検・評価を行い、その結果を公表するとともに、第三者評価、とりわけ文部科学大臣の認証を受けた認証評価機関による認証評価を受けることを求められるようになった。

その他に、国立大学法人評価も主要な行政主導の大学評価の一つである。国立大学はすべての大学を対象とした前述の認証評価とは別に、文部科学省に置かれた国立大学法人評価委員会による評価も受けている。この評価には各事業年度の業務実績に関する年度評価と、六年ごとに行われる中期目標・中期計画の業務実績に関する評価があり、その評価結果は次期の中期目標・中期計画や予算措置に反映される仕組みになっている。なお国立の高等専門学校も文部科学省に置かれた独立行政法人評価委員会による評価を受けており、法人化した公立大学も地方公共団体に置かれた地方独立行政法人評価委員会による評価を受けている。

国立大学法人評価は、国立大学が評価結果の情報公開により学外の社会的な評価を受けるとともに、それをふまえて教育研究活動などの自己改善に役立てるという意味では、すべての大学を対象に行われる認証評価と共通するところがある。しかしそれは政府による定期的な「事後チェック」の仕組みの一つであり、しかも中期目標・中期計画の達成状況が次期の予算措置に反映されるので、政府以外の学外の第三者組織が実施し、必ずしも公的資金の配分とは連動しない認証評価とは趣旨が異なる大学評価である。そのためこれらの二つの大学評価の役割や実施方法などを整合的に整備することは、国立大学だけでなく、すべての大学にとっても重要な課題である（合田、二〇〇四年、八―一〇頁：舘、二〇〇五年、五―六頁）。

大学評価としての競争的な公的資金配分政策

文部科学省は競争的な公的資金配分を行うさまざまなプログラムを実施しているが、これも行政主導の大学評価の一つとして位置づけられる。二〇〇二年から実施された「二一世紀ＣＯＥプログラム」は、国公私立大学を通じた大学間の競い合いを活発化することにより、日本の大学に世界最高水準の研究教育拠点を学問分野ごとに形成し、国際競争力のある大学づくりを推進することを目的とした事業である。この「世界的研究教育拠点の形成のための重点的支援——二一世紀COEプログラム——」という長い正式名称をもつ事業は、投入された公的資金が少ない割には個別大学のレベルにおける大学改革の進展に大きな影響を与えたといわれている。

その成果をふまえて、「グローバルCOEプログラム」が事実上第二期のCOEプログラムとして二〇〇七年から開始された。このプログラムの特徴は選択と集中であり、二一世紀COEプログラムと比べると、採択件数は半数強に絞り込まれたが、一件あたりの年間配分額は約二倍になった。その結果、それまで研究費の配分で優遇されてきた旧制帝国大学系大学への集中がいっそう進むとともに、地方国立大学や私立大学の採択件数は大幅に減少した。

教育面に力点を置いた競争的な公的資金配分政策についてみると、文部科学省は各大学が実施する教育改革の取組のなかから優れた取組(GP)を、第三者による公正な審査にもとづいて選定して、重点的に財政支援するとともに、その取組について広く社会に向けて情報提供を行うことにより、他の大学が選定された取組を参考にしながら教育改革にとりくむことを促進し、大学教育改革を進めた。GPというのは優れた取組(グッド・プラクティス)の略称であり、大学教育の質向上を目指す個性的で特色のある優れた取組や政策課題対応型の優れた取組などを総称する言葉として使われている。

ＧＰを支えるプログラムとして最初に導入されたのは、これも長い正式名称をもつ「特色ある大学教育支援プログラム」であり、二〇〇三年から五年間実施された。このプログラムは二〇〇四年から「特色ＧＰ」と略称され、ほぼ同様の目的をもった支援プログラムとして、「現代的教育ニーズ」（現代ＧＰ）や「専門職大学院形成」、「社会的ニーズに対応した医療人教育」などに特化した事業が相次いで実施されるようになった。また二〇〇八年から特色ＧＰと現代ＧＰを発展的に統合した「質の高い大学教育推進プログラム」（教育ＧＰ）が新しく開始された。これらのＧＰは二〇〇九年から「大学教育・学生支援事業」のテーマＡ「大学教育推進プログラム」として実施されたが、行政刷新会議による事業仕分けの結果二〇一〇年に廃止された。

なおその後、二〇一三年に設置された「国公私立大学を通じた大学教育改革の支援に関する調査検討会議」において、このＧＰ事業は大学の組織的な教育改革の取組のなかから特色ある優れた取組を審査・選定し、大学間で共有することをはじめて可能にした画期的な政策として総括され、二〇一四年度予算案では、大学教育再生加速プログラム（ＡＰ）が新規に計上された。

ところで「小さな政府」の大学政策では、文部科学省自体も予算を獲得するために、こうした競争的な公的資金配分政策を積極的に立案、実施する必要にせまられている。また文部科学省は「行政機関が行う政策の評価に関する法律」（二〇〇一年）にもとづいて、その政策を自ら評価する政策評価を実施している。大学評価はこのような行政改革に連動して、アカウンタビリティ（説明責任）や情報公開とともに導入されたものである。

とくに文部科学省の競争的な公的資金配分政策の導入の背景には、文部科学省自体の予算が継続的に削減されるので、予算獲得のために有効なさまざまなアイデアを生み出す努力を大学側にも要求するところがある。しかし明確な将来展望がないまま、パッチワークのように個別の事業をつぎあわせても、日本の高等教育の発展にとって望ましい成果はえられないだろう。

第三者組織による大学評価の義務化

評価主体別にみた二番目の大学評価である第三者組織による大学評価は、各大学の教職員以外の者による大学評価を総称する言葉である。ただしここでは、同じ第三者組織による大学評価でも、四番目のその他にまとめたマスメディアや民間の評価会社、企業や政党、受験産業などの学外の利害関係者などによる大学評価ではなく、政府から一定の独立性を保った学外の公的な第三者組織による大学評価に注目する。

こうした第三者組織による大学評価は、第二次世界大戦後の大学改革の一環として大学基準協会が一九四七年に創立されたときに日本の高等教育に導入されたが、二〇〇二年の学校教育法改正を契機に、日本の大学関係者の間でにわかに大きな関心を集めるようになった。というのは、この改正により二〇〇四年四月から政府行政当局以外の学外の公的な第三者組織による大学評価が制度として導入され、すべての大学は七年以内に一度、専門職大学院は五年以内に一度、認証評価、つまり文部科学大臣の認証を受けた認証評価機関による評価を受けることを義務づけられたからだ。

認証評価には、①機関別評価、つまり当該大学の教育研究、組織運営、施設設備などの総合的な状況についての評価と、②専門職大学院の専門分野別評価、つまり当該専門職大学院の教育課程、教員組織等その他の教育研究活動の状況についての評価の二種類がある。そのうち専門分野別評価については、専門分野ごとに評価機関を認証することが想定されている。したがって専門職大学院を置く大学は、機関別評価の他に、その専門分野別評価を受ける必要がある。また専門分野別評価は当面、専門職大学院から開始されたが、将来的には他の課程でも義務化されると考えられる。

こうした認証評価を行う認証評価機関は、①認証評価を適確に行うに足りる大学評価基準と評価方法を定めていること、②認証評価の公正かつ適確な実施を確保するために必要な体制が整備されていること、③評価結果の公表・報告前に、評価結果に対する大学からの意見の申立ての機会を付与していること、④認証評価を適確かつ円滑に行うに必要な経理的基礎を有する法人であることなどの条件を備えている必要がある。

二〇一二年現在、機関別評価を行う認証評価機関として文部科学省から認証された機関は、大学・短期大学の評価を行う大学基準協会と日本高等教育評価機構、大学・高等専門学校の評価を行う大学評価・学位授与機構、短期大学の評価を行う短期大学基準協会である。また専門職大学院のうち法科大学院の専門分野別評価を行う認証評価機関として日弁連法務研究財団、大学評価・学位授与機構、大学基準協会が認証されている。その他に経営分野では大学基準協会とABEST二一、会計分野では国際会計教育協会、助産分野では日本助産評価機構、臨床心理分野では日本臨床心理士資格認定協会、環境・造園分野では日本造園学会など、一四の専門分野別評価を行う認証評価機関が認証されている。

問われる認証評価機関による大学評価の有効性

認証評価のうち、機関別評価は二〇一一年度から二巡目に入り、専門職大学院の専門分野別評価を行う認証評価機関も二〇一二年までに一応すべて出そろった。ところで第三者組織としての認証評価機関による大学評価には、大学政策として性急に実施されてきた経緯もあり、その導入当初からいくつもの問題点や課題が指摘されてきた。また実施の過程で認証評価の具体的な実施体制や評価基準、評価結果の公表などの見直し作業も行われてきたが、そのポイントは次のようにまとめられる(江原、二〇一〇年、二四八―二五〇頁：板東、二〇一三年、一一頁：瀧澤、二〇一三年、四六、四九頁)。

第一に、認証評価が目指す大学評価の目的があいまいなことである。認証評価機関はそれぞれ個別に認証評価の目的を掲げているけれども、改正された学校教育法には認証評価の目的が明記されていないのである。とくに問題なのは、大学評価制度における大学の設置評価と認証評価との関係が不明確なことである。行政主導の大学評価政策が、大学設置基準などによる厳しい「事前規制」から、改革の成果を問う「事後チェック」も重視する方向へ転換することを目指しているとすれば、認証評価はそれぞれの認証評価機関が定めた大学評価基準にもとづく評価であり、しかもそれは、すでに設置認可された大学が設置基準を満たしているかどうかをあらためて評価するものではない。政府行政当局以外の学外の公的な第三者組織による大学評価は、大学連合組織や大学関係者などの主体性にもとづいた自主的な評価であることに意義があるからである。

それゆえ認証評価は適格認定、つまり設置認可された大学がその教育研究などの水準を自主的に向上させ、日本の大学として、あるいは国際的通用力のある大学としてふさわしい状況にあるのかどうかを評価する大学評価として、大学評価制度のなかに明確に位置づけられる必要がある。

たとえば大学基準協会はこうした観点にもとづき、二巡目の二〇一一年度から、大学が自ら点検・評価を行い、その結果を大学改革に結びつけ、大学の質を自ら保証することができる内部質保証システムを学内に構築し、それを有効に機能させているかどうかを重視する新たな評価システムをスタートした(工藤、二〇一三年、四一頁)。

第二に、認証評価には現行の法令上、機関別評価と専門職大学院の専門分野別評価があるが、後者の専門分野別評価については、多種多様な専門分野に応じて、評価対象の専門分野を大幅に拡張するとともに、専門職大学院だけでなく、大学院の修士課程や博士課程、さらに学士課程や短期大学士課程など、他の課程を対象にした専門分野別評価を整備する必要がある。

日本の認証評価はアメリカで発達してきた地域別と専門分野別の適格認定協会の仕組みをモデルにして構築されたが、アメリカ流に改革を進める方針を今後も採用するのならば、専門分野別評価をいっそう整備することが求められる。また認証評価を実際に運用する過程で、機関別評価と専門分野別評価をどのように整合的に実施すればよいのか、その基本的な方策を確定していくことも重要な課題である。たとえば専門職業教育は学部教育でも大学院教育でも行われるので、教員組織や教育課程の編成などの認証評価を整合的に実施する方策を具体化する必要がある。

第三に、認証評価は複数の認証評価機関による多元的な評価を特色としており、それ自体は望ましいにしても、大学評価基準や評価方法などをある程度標準化することが求められる。それは機関別評価と専門分野別評価のどちらについてもいえることである。とくに複数の認証評価機関が同種の対象を評価する場合には、少なくとも、それぞれの認証評価機関が設定する大学評価基準の最低水準をゆるやかな形で標準化する必要がある。そうしなければ評価結果はもとより、大学評価制度自体の信頼性や妥当性、有効性が国内外で著しく損なわれる恐れがあるからだ。

大学評価基準や評価方法などの標準化については、必ずしも認証評価を主要な業務とはしていない公的な第三者組織による大学評価との調整も必要である。たとえば国際的に通用する技術者の育成を目的として一九九九年に設立された日本技術者教育認定機構（ＪＡＢＥＥ）は、工農理系学協会と連携して大学の工農理系学科で行われている技術者教育プログラムの審査・認定を行う非政府団体である。この機構はエンジニアリングではワシントン協定、情報系ではソウル協定、建築ではUNESCO‐UIAに加盟し、それらの協定の考え方に準拠した基準で審査している。また高等教育品質保証機関国際ネットワーク（INQAAHE）やヨーロッパ高等教育質保証協会（ENQA）などが試みる各国の質保証機関の相互認証システムへの対応も求められるだろう。

第四に、このような方向で第三者組織による大学評価を整備拡充するためには、多大な物的・人的資源が必要であることも指摘されている。適切な財政基盤と人員体制が整備されなければ、認証評価機関は遅かれ早かれ形骸化してしまい、公的な第三者組織としての自律性を確保できない。また質と量の両面で必要十分な評価者を早急に育成することも強く要請される。さらに日本の大学にふさわしい第三者組織による有効な大学評価の構築は、それぞれの認証評価機関の特色と長所を生かしながら、長い時間をかけて行う作業であることを、多くの大学関係者が共通に理解するようになることも非常に重要なことである。

定着するか大学主導の大学評価

評価主体別にみた三番目の大学評価は大学が評価主体の大学評価である。その中核には、各大学が行う大学の自己点検・評価が位置する。学校教育法の第一〇九条によれば、大学は、その教育研究水準の向上に資するため、当該大学の教育研究、組織運営、施設設備といった教育研究などの状況について自ら点検と評価を行い、その結果を公表するものとされている。この大学の自己点検・評価の実施と公表は九一年の大学設置基準などの大綱化にともない、大学の設置認可による「事前規制」の緩和とひきかえに努力義務となり、さらに九八年には義務化された。

その後の実施状況をみると、どの大学も教育研究などの状況について、なんらかの自己点検・評価を行い、その結果を報告書やインターネットなどのメディアを通じて公表するようになった。しかし導入後二〇年を経ても、点検・評価の実施手続きや結果の活用をはじめ、大学の自己点検・評価の明確な仕組みや運用方法などが確立されたとは、とうていいえないのが現状である。

たとえば自己点検・評価はもともと、大学で行われる教育研究などの実態を明らかにするとともに、それらの意義や価値、問題点などを判断したり評価したりして、その結果を自己改革のために活用し、教育研究水準を向上させることを目的にしている。ところが現状把握のために自己点検を試みたものの自己評価までには及ばない場合とか、点検・評価の結果を自己改革のために効果的に活用できない場合がよくみられるのである。

こうした議論で近年よく使われるＰＤＣＡ(Plan-Do-Check-Action)のマネジメントサイクルの考え方に即していえば、大学の自己点検・評価は①計画、②実施、③点検・評価、④改善の四段階のうち、三つ目の点検・評価の段階にあたる。大学の教育研究などの管理運営では、最後の改善を次のステップの計画に結びつけて、大学の教育研究水準を継続的に向上させる仕組みを構築することが求められることになる。

しかし実際には、大学関係者のなかには大学評価に直接従事する担当者も含めて、ＰＤＣＡを一面的にしか理解していない者が少なくない。またほとんどの大学では四つの段階のどれもが試行錯誤の状態にあり、サイクルの仕組み自体が定着していないようにも思われる（山田、二〇一三年、五四―五六頁）。たとえばＰＤＣＡのメリットの一つは、目的を明確にして品質特性（管理項目）を決め、それらの変動を左右する諸条件の要因分析を行うことにより、改善効果の大きな要因や問題を特定して、目的の達成にとって望ましい改善を実現することにあるとすれば、すべての自己点検・評価項目にＰＤＣＡを機械的に適用するのは無意味なことである。

またＰＤＣＡサイクルの期間は半期単位、一年単位、数年単位などのように、自己点検・評価項目の内容によってかなり異なること、ＰＤＣＡの四段階を実質的に遂行する学内の責任主体や組織、その権限や具体的な手続きなどが、自己点検・評価項目の内容によって大きく違うことなどに留意することも求められる。とくに大学の教育研究水準を実質的に改善して向上させるためには、学内の管理運営における組織的な権限の配置、つまり理事会の理事や上級大学管理者などの大学経営陣の権限と、大学の管理運営のミドルマネジャーの権限、つまり各学部や研究科などの執行部や全学組織を構成する各部局の部次長、あるいは課長クラスまで含めた大学管理者の権限を明確にして、彼らが責任のある改革を状況に応じて柔軟に遂行できる仕組みを構築する必要がある（本書の第三章「大学の管理運営」の４「実践的な管理運営組織の整備」を参照）。

これらのことを考えると、自己点検・評価の仕組みの改革と定着を手がかりにして大学の教育研究水準の向上をはかるのは、どの大学にとっても重要な解決すべき課題だといってよい。それでは、こうした大学主導の大学評価を実質的に定着させるにはどうすればよいのか。続いて日本の大学にふさわしい大学の自己点検・評価の仕組みを構築するために、その改革課題を近年の日米の先行研究も参照しながら整理してみよう。

3 大学の自己点検・評価の改革

大学評価の意義や効用の共有

大学主導の大学評価が実質的に定着するためには、まず第一に、大学の自己点検・評価を含めた大学評価の意義や効用を、大学管理者や大学教員、大学職員、学生などの大学構成員が広く共有する必要がある。

評価の主体に注目すると、日本の大学評価制度は各大学が行う大学の自己点検・評価を、学外の第三者組織による大学評価や行政機関による大学評価、その他のマスメディアや企業や高校関係者などの利害関係者による大学評価がとりまく構造になっている。各大学は政府による大学設置基準などを適用した設置評価により設置認可された後、自主的に教育研究などの状況について点検・評価し、その結果を公表するとともに、政府から一定の独立性を保った公的な第三者組織による認証評価を定期的に受けることを義務づけられている。

それ以外に、国立大学や法人化された公立大学は中期目標・中期計画の業務実績に関する法人評価も受ける。またどの大学も、政府の競争的な公的資金をはじめ、企業や同窓会組織などから外部資金を獲得しようとすれば、その都度、独自の評価基準によって評価されることになる。学生確保や大学のイメージ形成のためには、マスメディアやさまざまな利害関係者による大学評価への対応も非常に重要である。

大学の自己点検・評価は、こうした大学評価制度のなかで中核に位置づけられる。というのは、大学評価の目的はなによりもまず、大学の教育研究などの状況を改善したり改革したりして、その質の向上をはかること、つまり大学の機能である教育と研究、さらに社会サービスをより優れたものにすることにあるからだ。どのような組織や制度についてもいえることだが、その機能を十分に発揮させるには、自己点検・評価を常に行い、その成果を自己改革のために活用する必要がある。

とりわけ大学は学問の自由の理念にもとづく自治的な教育研究機関だとみなされているので、大学評価、とくに大学の自己点検・評価は大学自体にとって重要な権利であるとともに責務でもある。

というのも、自治は自主的な軌道修正の仕組みを内蔵した組織や制度に対して社会が認めるものであり、それによってはじめて、大学は外部からの干渉や介入に対して自律性を確保できると考えられるからである。

今後は大学の自助努力がますます求められ、大学教育の質や大学の個性をめぐって、大学間の競争はいっそう厳しくなると予想される。そうした大学にとって厳しい時代の流れに対応するためにも、過去に対する反省と現状の点検・評価は不可欠である。どの大学もそれぞれ固有の理念や目的をもっており、私立だけでなく国公立も含めて、どの大学にもユニークな建学の精神や独自の使命があるはずである。そうした基本的な理念や目的をふまえて、実現可能な未来を自ら描けなければ、その大学に対する将来のイメージはきわめて暗いものになってしまうにちがいない。

高等教育の大衆化は日本でも実に多種多様なキャンパスを生み出したが、その実態は他大学だけでなく自分の所属する大学についても、恐ろしいほど知られていない。公的な大学情報や友人や知人を通してえられるインフォーマルな情報は、事実の半面しか伝えないことが多い。大学構成員はその大学環境に精通し、自分の位置や役割を正確に知らなければ、そのもてる力量を十分に発揮することはできないのである。

もっともこうした大学評価の意義や必要性を全学の大学構成員が共有するためには、いくつもの障害を乗り越えなければならない。たとえば一九九一年の大学設置基準などの大綱化にともない、大学の自己点検・評価の実施と公表がすべての大学にとって努力義務になってからすでに二〇年が経過したにもかかわらず、大学のなかには、学問の自由の理念が学部や学科、専攻、講座の利己主義を助長し、その既得権の擁護のために大学の自己点検・評価や大学改革が進めにくいところも少なくないようである。

国立大学における機関別認証評価の経験については、大学評価・学位授与機構が第一期（二〇〇五〜二〇一一年度）の終了時点でまとめたアンケート調査の総括報告書がある（大学評価・学位授与機構、二〇一三年、一三一―一四頁）。その分析結果によれば、機関別認証評価を受けたほとんどの対象校は自己点検・評価を行ったことを肯定的に評価しており、「教育研究活動等について全般的に把握することができた」（九六％）、「教育研究活動等の今後の課題を把握することができた」（九三％）と回答していた。ところが「自己点検・評価を行うことの重要性が教職員に浸透した」（五〇％）、「教育研究活動等を組織的に運営することの重要性が教職員に浸透した」（四三％）と回答したところは半数にとどまっていた。

しかも問題なのは、これらのどちらかといえば肯定的な回答は学内でも認証評価などの大学評価に直接関係している大学構成員の評価だということである。一般的なイメージを描いてみれば、大学教員のなかにはたしかに大学改革や認証評価に関心がある者もいるかもしれないが、そうした大学教員は圧倒的に少数派であり、教育研究活動のうち自分の研究にはそれなりに関心があっても、学生の教育に大いに関心があるとは思えない大学教員も少なくないのである。さらに学内の評価の主体として大学管理者や大学教員の他に、大学職員や学生を含めるのかどうかも大きな問題である。

しかしいずれにせよ、そうした障害を一つずつ除きながら、自主的な改革を進めることによってのみ、それぞれの大学は独自の方向を見出すことができるように思われる。

大学の自己改革に役立つ独自の自己点検・評価の構築

第二に、大学の自己点検・評価を学外から要請されるさまざまな大学評価と連動させ、その準備を進めることも兼ねた評価活動として位置づけ、自分の大学にふさわしい仕組みを整備する必要がある。

各大学は今後、学外の公的な第三者組織や行政機関による大学評価、マスメディアや企業、高校関係者、入学志願者の保護者といった利害関係者による大学評価など、多種多様な大学評価に対処することを求められている。これらの大学評価はいずれも多大なエネルギーを要する作業だから、その都度個別に対処すれば、大学にとって過重な負担になったり、準備作業が重複したりしやすいため、「大学評価疲れ」をもたらすことになる。

そうした状況を避けるためには、大学の自己点検・評価にとって不可欠な評価項目を大学の置かれた状況に応じて確定するとともに、さまざまな大学評価で使われている評価項目を比較検討して、どの大学評価にも共通に含まれ、しかも自分の大学の改革にとって意味のある重要な少数の評価項目を抽出し、それらを中核にした汎用性の高い大学の自己点検・評価の仕組みを構築する必要がある。

その際のポイントは、大学評価に使えそうな種々雑多な評価項目や評価指標を満載したデータベースを構築するのではなく、あくまでも大学の自己改革のために活用できる評価項目や評価指標を厳選し、日常の教育研究などの活動を分かりやすく、目にみえる形で評価する作業を積み上げていくことである。それらを根拠資料(エビデンス)として活用するのが大学の自己点検・評価の基本なのである。というのは、こうした大学独自の自己点検・評価活動は学外のさまざまな大学評価への準備として役立つだけでなく、政府の競争的な公的資金をはじめ、企業や同窓会組織などから外部資金を獲得する際にも、それまでの実績を示す成果として活用できるからである。

実質的な学内実施体制の整備

第三の課題は、大学の自己点検・評価の実質的な実施体制を学内で整備することである。

ほとんどの大学は大学の自己点検・評価を実施する学内の全学的な組織として、自己点検・評価委員会や自己評価委員会、あるいは教員研修(FD)も含めた自己点検・評価・FD委員会などといった委員会を設置している。複数の学部をもつ大学では、学部や研究所などの部局レベルの委員会を設置しているところも少なくない。大学教育の改善や支援を主な目的とした大学教育センターを設置する大学も徐々に増えており、学生による授業評価をはじめ、大学教育の評価を中心とした大学評価を実施している。

また多様な評価活動を効率的に遂行する全学的な組織として、評価企画室(名古屋大学)や経営情報分析室(愛媛大学)、大学評価情報室(九州大学)を設置した大学もある。たとえば九州大学の大学評価情報室は、大学教員の自己点検・評価や第三者評価の基礎資料の収集を目的とした教員データベースである「大学評価情報システム」や、学内に散在する評価データの効率的な収集・蓄積・活用を目的とした「大学評価ポータル」などを運用している(高田、二〇一一年、三六―三七頁)。

それに加えて、日本の大学改革の議論では近年、アメリカの大学で普及しているIR(インスティチューショナル・リサーチ)も大学評価と密接に関連した活動として注目されるようになった。IRとは、機関の計画立案、政策形成、意思決定を支援するための情報を提供する目的で、高等教育機関の内部で行われる調査研究を指す言葉である。この調査研究は実践志向が強く、IRの実践は主として、どれだけ大学の運営に貢献できたかという観点から評価されるところに特色がある。

IRの実践の内容や形態は大学によって多様だが、次の三つに大きく分類される。第一は外部評価への対応業務を重視したIRであり、認証評価や国公立大学の法人評価などの導入を契機に、大学評価室などの名称の組織を設置した大学がある。第二は大学の経営活動の改善を重視したIRであり、大学の計画策定や財務管理などの経営面での改善が期待されている。第三は大学の教育活動の改善を重視したＩＲであり、学生の学習成果などの調査研究により教育課程や各種の教育プログラムの質保証や改善を支援することが期待されている（中井・鳥居・藤井、二〇一三年、一六―一七頁）。

ところでＩＲの業務を担当する組織であるＩＲ部門やＩＲの業務に従事するＩＲ担当者などの活動については、先行するアメリカの大学でもさまざまな課題や問題が指摘されている。たとえばＩＲの業務のなかでは、学内外への報告業務や適格認定への対応などのような決まりきったルーティン業務が多く、大学やＩＲ部門にとって重要な調査研究を行う時間が制限されてしまうことや、ＩＲの分析結果が学内の政争のために適切に活用されない場合があること、ＩＲが大学の管理運営や計画策定のプロセスと有機的に結びついていないことなどが指摘されている（ハワード、二〇一二年、二六四頁）。

ＩＲとＰＤＣＡのマネジメントサイクルとの関連も一筋縄ではいかない複雑な問題を抱えている（本田、二〇一一年、二二―二三頁）。大学のタイプや歴史的背景、組織文化などの違いによって事情は異なるけれども、アメリカの大学でも一般的に、ＩＲが全学的な計画立案や政策形成、意思決定を支援するのに有益な情報を的確に提供するのは決して簡単なことではない。カレッジやスクール、あるいは学科の場合も、ＩＲ部門の役割は自己点検の実施や報告書作成などの支援にとどまることが多く、それらの組織的な意思決定にまで関与するケースは少ないという。学内の各部署からＩＲ

部門に対して情報提供の要請はたくさんあるにしても、提供した情報がどの程度有効に活用されているのかについての検証はあまり行われないようである。

それでは日本の大学では、どのようにして大学の自己点検・評価の実質的な実施体制を学内で整備すればよいのか(ハワード、二〇一二年、二三二―二三三頁：本田、二〇一一年、二三一―二四頁)。一部の大学では二〇一一年度から認証評価の機関別評価が二巡目に入り、その対応作業に一応の目処がついたためか、残念なことに、大学評価担当の部門や人員などを縮小させている。また大学評価を担当する委員会や部門を設置すれば、大方の問題は解決するはずだと考える大学も依然として少なくない。しかし大学の機能である教育と研究、社会サービスをより優れたものにするには、自己点検・評価を常に行い、その成果を自己改革のために活用する仕組みを構築することは不可欠なのである。

今後の方向としては、各大学はなによりもまず、大学の使命や歴史的背景、大学のタイプ、学内の組織文化などをふまえて、独自の大学評価のあり方を確立する必要がある。その際にとくに重要なのは、大学経営陣や大学の管理運営に従事するミドルマネジャーの権限をはじめ、学内の管理運営における組織的な権限の配置を明確にするとともに、そうした仕組みのなかに大学の自己点検・評価の役割や権限を明確に位置づけることである。

そのうえで、大学の自己点検・評価の実質的な実施体制を学内で整備するには、自己点検・評価委員会や大学教育センター、大学評価室といった全学の既存の組織をベースにして、その高度化をはかるのが生産的である。なお組織の長は、理事や教学担当副学長といった全学的な意思決定の権限を有する者であることが望ましい。そうすることにより、大学の自己点検・評価を中核にした大学評価は全学的な取組であることが学内に周知されやすいからである。

こうした全学的な組織として設置された大学評価室や大学教育センターなどを中心にして、学部や研究科、それから全学の事業企画や教務、学生、財務などを担当する部署で活動するＩＲ担当者との連携を推進すれば、大学の将来計画や政策をある程度考慮しながら、より現場の状況を反映した調査研究を実施したり、学内の直面する課題や問題の改善や改革を支援したりすることができるのではないか。

ＩＲを担当する人材の育成も今後の重要な課題である。ＩＲ担当者は大学に関する基礎的な知見や社会統計学（定性的・定量的）の手法を身につけ、実践的な調査研究を実施したり、分析結果を所属大学の改善や改革に結びつけたりすることができる力量を求められる。それに加えて学内でＩＲの業務を円滑に進めるために、各種の事業やプロジェクトの運営や関連部署間の調整などを円滑に進める能力も要請されるだろう。しかし日本ではようやく大学アドミニストレータを育成する大学院課程やさまざまな専門研修が開設されるようになった段階であり、人材育成プログラムをいっそう充実させることが望まれる。

教育評価を重視した評価項目の体系化

第四に、大学の自己点検・評価は大学の教育研究水準の向上に資するために行われるが、当面は大学教育を改善し、教育の質を保証するために、大学教育の評価に特化して評価項目を体系化し、その定着をはかるのが望ましい。

大学評価にはさまざまな評価項目がある。たとえば大学基準協会が行う第二期の機関別評価の評価項目をみると、大学の理念・目的や教育研究組織、教育内容・方法・成果から管理運営・財務まで多岐にわたっており、基準一〇として新たに「内部質保証」も含まれている。しかし大学評価が各大学の理念や使命、目的に即して行われることも反映して、評価項目は教育評価を中心に構成されている。専門職大学院の専門分野別評価では、教育評価はよりいっそう重視されている。

大学評価では教育評価と並んで、研究評価も重要な評価項目である。しかし教育が所属大学の学生を直接の対象にしたローカルな活動であるのに対して、大部分の研究は学内で行われるにしても、その評価は基本的に学外や国外の研究者集団によって行われるため、研究はどちらかといえば、大学の枠を超えて評価されるという意味でコスモポリタンな活動である。したがって大学の自己点検・評価では、研究評価は施設設備や管理運営などの評価と同様に、大学教育の改善や質保証と関連した活動を対象とした評価項目群の一つとして位置づけられる。

こうした教育評価の重視は、認証評価機関の主要な先行モデルである、アメリカの地域別適格認定協会や専門分野別適格認定協会が設定した評価項目の構成にもよくあらわれている。とくに一九八〇年代以降、アカウンタビリティ（説明責任）の考え方が浸透すると、適格認定では入学者の特徴や既存の資源、教育研究組織、施設設備などのインプット面よりも、学生が在学中に獲得した学習成果（ラーニング・アウトカムズ）が重視されるようになった。また産業界や州政府などの学外の声にも応えるために、適格認定協会は大学に対して大学教育の質を継続的に改善することを要求するようになった(Rice, 2006, p.17)。大学評価は大学の機能である教育と研究、さらに社会サービスをより優れたものにするために行われるが、どの大学にとっても最も重要なのは大学教育を改善し、教育の質を保証することだからである。

日本の大学は今後、教育重視型大学と研究重視型大学の二つのタイプに大きく分化するが、実際にはどちらのタイプの大学にも、多種多様な特色のある大学教育を提供するところが増えると予想される。とくに教育重視型大学のなかには、大学の規模が比較的小さく、社会的な知名度もそれほど高くないけれども、大学の長所や持ち味を生かして、その大学に最もふさわしい適所をえようとする「隙間（ニッチ）」志向の大学が数多く生まれると考えられる。

大学の自己点検・評価は、そうした大学の理念や使命、目的に沿って大学教育を改善し、教育の質を保証するために、教育評価に焦点を合わせ、その関連で学内の他の諸活動を体系的に点検・評価できるように評価項目を選定したり、整備したりすべきである。

学生の学習成果を中核にした教育プログラムの評価

第五に、こうした教育評価に焦点を合わせた大学の自己点検・評価では、評価の主な対象を専門分野や専攻、あるいは課程が提供する教育プログラムにし、その成果を評価する際には、学生の学習成果、つまり学生が在学中に大学教育を受けることにより直接獲得した知識や技能、態度を評価する指標を中心に評価指標を設定する必要がある。

これまでの日本における大学教育の評価では、主に大学全体と個別の授業を対象にした評価が行われてきた。しかし評価結果を大学教育の改善に生かすためには、大学全体の大学教育の評価ももちろん重要だが、それだけではあまり役に立ちそうにない。個別の授業を対象にした学生による授業評価の結果も、それだけでは必ずしも十分ではない。というのは、履修の責任を全面的に学生にまかせることが難しい現状を考慮すると、個々の授業が学生の立場からみて効果的になったからといって、その大学の大学教育の質が全体として向上するわけではないからだ。それゆえ評価結果をさらなる改善に結びつけて、大学教育の質を継続的に向上させる仕組みを構築するためには、専門分野や専攻、あるいは課程における教育活動を対象にした大学教育の評価がきわめて重要なのである。

またそうした教育プログラムの評価では、学生の学習成果の評価を中心に評価指標を設定する必要がある。教育と学習はいずれも「教えること」と「学ぶこと」の二つの意味を兼ね備えた言葉だが、教育学では、教育は学習が成立するように支援する「学習への援助」として位置づけられている。つまり学習そのものはあくまでも学習者自身によって行われるが、教育はそうした学習への動機づけをしたり、学習意欲を喚起したり、学習する機会を準備することにより、学習者の学習過程を適時に、的確に支援することを意味する言葉なのである（山崎、二〇〇七年、二〇—二一頁）。

このような観点からみると、各大学はその理念や使命、目的に沿った大学教育の目的を、すべての学生が達成すべき学習成果として公的に明示し、彼らがそれらの成果を実現するのを支援するために、適切な教育課程（カリキュラム）を編成したり、教育方法や教育研究組織、その他の施設設備などを整備したりする立場にある。そして学生の学習成果と学生の学習に対する大学側の支援を定期的に点検・評価し、その結果を次の大学教育の改善や改革に結びつける仕組みの構築は、どの大学にとっても不可欠なのである。

ところで学生の学習成果の分類や具体的な評価指標は、大学の事情に応じていろいろ想定することができる。ここではアメリカにおける学生の学習成果の評価方法を参考にした試論的な試みをごく簡略に紹介してみよう（山田、二〇一二年、四七—五〇頁）。

学習成果の評価は大きく直接評価と間接評価の二つに分類される。直接評価（ダイレクト・エビデンス)とは、学生が大学教育を受けることにより直接獲得した知識や技能、態度の評価を意味する言葉である。これに対して間接評価(インダイレクト・エビデンス)とは、大学教育を受ける学生の学習成果につながる学習過程の評価、つまり学生の大学や教育プログラムへの期待度や満足度、学生の学習行動や生活行動、自己認識などの評価を意味する言葉である。そして学生の学習成果の評価、つまり学生が在学中に獲得した知識や技能、態度の評価は、これらの直接評価の評価と学習過程の評価としての間接評価の結果を組み合わせることによってとらえることができる(表4－2)。

直接評価の評価指標　直接評価の評価指標に含まれるのは、大学教員が科目ごとに実施する単位認定のための中間試験や学期末試験、レポートやプロジェクトの評価、科目履修の前後に実施する試験などである。標準化や数量化が比較的難しい学生の学習成果、たとえば卒業研究や卒業論文、卒業試験、実技や芸術作品、価値観や態度などの評価も直接評価の評価指標に含まれる。それから教育課程が職業資格と密接に関連している医学や薬学、看護学などの専門分野における国家資格試験の実績も直接評価の評価指標に含めるべきだろう。学習成果を質的に評価するために、学生ごとに学習成績や活動記録、学習の過程などをまとめた学習ポートフォリオ(ラーニング・ポートフォリオ)も同様である。

この他に各種の学力試験や標準試験も直接評価の評価指標として使われる。これらの評価指標は日本の大学教育ではこれまで、英語能力試験として使われるＴＯＥＩＣやＴＯＥＦＬなどの標準試験を除けばほとんど普及していない。しかしアメリカでは近年、大学や専攻、課程などを単位にした共通の学力試験の作成と実施を試みる大学もみられるようになった。またアメリカ国内の大学教育を対象とした、大学間での比較を可能にする標準試験の開発も進んでいる。大学教育は大きく一般教育（教養教育）と専門職業教育に分けられるが、たとえばCollegiate Assessment of Academic Proficiency（CAAP）やMeasure of Academic Proficiency and Progress（M

表4-2　学習成果の評価指標（直接評価と間接評価）

直接評価の評価指標
中間試験、学期末試験、 レポートやプロジェクトなどの評価、 科目履修の前後に実施する試験、 卒業研究や卒業論文、卒業試験、 実技や芸術作品などの評価、 価値観や態度などの評価、 国家資格試験の実績、 学習ポートフォリオの評価など； 学力試験、標準試験（教養教育、専門職業教育）； 大学院進学試験（GRE、MCAT、LSAT）など
間接評価の評価指標
学生調査（CSS、CIRP、NSSE）、 日本版学生調査（JCSS、JFS、JJCSS）； 学生による授業評価； 企業などの雇用者調査； 卒業後の進路（大学院進学率や卒業後の就職状況など）、 入学学生の卒業率、留年率、転学率など

APP）などは、学生が大学の一般教育で学んだ成果を測定する標準試験である。

それと対照的に、学生が専門職業教育で学んだ成果の測定は主に科目を担当する大学教員によって行われることが多く、大学間の比較が可能な標準試験は専門分野別にいろいろ開発されているが、必ずしも代表的な標準試験が定着しているわけではない。ただし大学院進学志望者に課せられるGraduate Record Examination（GRE）やMedical College Admission Test（MCAT）、Law School Admission Test（LSAT）などは、学生が一般教育と専門職業教育によって構成される学部教育（学士課程教育）で学んだ成果を測定する標準試験として分類してもよいかもしれない。

間接評価の評価指標　間接評価の代表的な評価指標は、学生を調査対象にした質問紙調査やインタビューなどによってえられる、学生の大学や教育プログラムへの期待度や満足度、学生の学習行動や生活行動、自己認識などに関する調査結果にもとづいて作成される評価指標である。こうした学生調査は学生の卒業時だけでなく、入学時や一年次終了時、上級学年在学時にも行われ、卒業後に卒業生追跡調査として実施されることもある。

この種の学生調査のなかでアメリカの大学で広く利用され、その分析結果が大学教育の改善にも活用されているのは、カリフォルニア大学ロサンゼルス校高等教育研究所が開発した大学生調査（CSS）や新入生調査（CIRP）、インディアナ大学ブルーミントン校中等後教育研究センターが運営管理している全米学生調査（NSSE）などである。日本では大学生調査や新入生調査の日本版として、日本版大学生調査（ＪＣＳＳ）や日本版新入生調査（ＪＦＳ）、さらに短大生調査（ＪＪＣＳＳ）が開発され、継続的な調査が進められている（山田、二〇一二年、五三―五四頁）。

なお学生による授業評価もこの間接評価の評価指標の一つとして位置づけられる。また間接評価の評価指標は学生だけでなく、卒業生を受け入れる企業などの雇用者をはじめ、大学教育の利害関係者を調査対象にした、学生の学習成果に関する調査からもえられる。さらに学生の卒業後の進路、つまり大学院進学率や卒業後の就職状況なども、大学や専攻、課程などを単位にした間接評価では重要な評価指標である。日本ではまだあまり話題にならないが、アメリカの大学のなかには、入学学生の卒業率や留年率、転学率などを重視するところも少なくない。

教育プログラム評価の課題　大学の自己点検・評価では今後も、学生の学習成果による教育プログラムの評価はいっそう重視されるようになると見込まれるが、解決すべき問題や課題も少なくない。たとえば学生の学習成果は直接評価と学習過程の評価としての間接評価を適切に組み合わせることによってとらえることができるのはまちがいないにしても、さまざまな評価指標を具体的にどのように設定し、それらを組み合わせてどのように測定したり、分析したりすればよいのかは別の問題であり、実現するまでには多大な作業が求められる。

また学生の学習成果の評価指標には個人単位で収集するものが多いけれども、それらを課程や専攻、あるいは学科や学部などの組織単位でみた学習成果の評価指標に的確に変換しなければ、大学教育の改善にとって有効な分析結果をえることはできない。さらにこうした学習成果を教育課程や教育方法、施設設備などといった学生の学習に対する大学側の支援体制と関連させて評価するとしたら、よりいっそう多くのエネルギーが必要になるだろう。

大学教育の目的や学生の学習成果には、それぞれの大学の事情によって独自のものがあるから、評価指標は基本的にできるだけ多様であることが望ましい。教育は研究と比べると、所属大学の学生を直接の対象にしたローカルな活動であることを考慮すれば、各大学がその大学教育の改善にとって最も適切な評価指標を、大学での実践をふまえて独自に開発するのはきわめて重要なことである。しかし政府や企業などの雇用者をはじめ、学外の利害関係者からは個別の大学を超えたレベルで、ある程度標準化された客観的な評価指標の開発も望まれている。つまり学生の学習成果を大学間の比較ができる標準試験や世界共通の標準試験などによって評価することが強く求められており、二つの要請の間でどのようにバランスをとればよいのかが鋭く問われているのである。

学部の自己点検・評価を基礎にした全学の大学評価

第六に、大学評価では全学レベルの大学評価が基本だが、実質的な大学評価を定着させるためには、なによりもまず学部や研究科を基本的な組織単位にした自己点検・評価を実施し、その評価結果を集約した上で、それらを積み上げて全学的な評価結果をまとめる方式が実施しやすいように思われる。これはとくに複数の学部や研究科をもつ中・大規模大学にあてはまることである。

日本の大学は伝統的に、類似した専門分野をまとめて設置した学部を基礎に編成されており、大学の管理運営も大学教員によって構成される学部レベルの教授会を中心に行われてきた。現在の行政主導の大学改革では、各大学は国公私立を問わず、学長を中心とする全学的な管理運営の仕組みを確立することを求められているけれども、こうした伝統的な仕組みは依然として根強く残っている。

教育評価では評価の組織単位を専門分野や専攻、あるいは課程が提供する教育プログラムにするのが望ましいが、大学教育の教育課程の構造や内容も実際には、主に学部や研究科レベルで調整されたり編成されたりしてきた。なかには学部教育の教養教育のように、全学的な観点から編成されるものもある。しかしその場合も、各学部が共通して学生に履修を求める科目を中心に科目編成を集約した上で、全学的な統一性と学部レベルの独自性を確立する方式が実施しやすいように思われる。

また実際には同じ学部内の大学教育も専攻や課程などによって多様だが、学部レベルで評価指標や評価基準をある程度標準化できなければ、学部や全学的な大学教育の目的をふまえた教育評価を実施したり、その評価結果を次の大学教育の改善に結びつけたりすることはとうていできないだろう。さらに学外の大学評価、たとえば認証評価で機関別評価と専門分野別評価をともに受けることになるとすれば、学部レベルの自己点検・評価を積み上げて全学的な大学評価を構築する方が、大学評価の整合性や体系性、要素間の相互連関性などの見通しもはるかに立てやすいように思われる。

なおこうした評価活動にとって重要なのは、大学職員や学生に評価活動への積極的な参画を求めることである。たとえば教育評価についてみると、大学教員は大学教育を直接担当しており、教育課程の編成や新しい教育プログラムの開発や改善などに対する権限と責務があるから、その評価活動でも中心的な役割を果たすのは当然のことであり、今後も彼らの参加をいっそう促す必要がある。

しかし大学教育を円滑に進めるには、教学関係をはじめ、図書館や学生部などさまざまな部門の大学職員の実質的な支援も求められる。大学職員は大学教育の実施状況を大学教員以上に熟知していることも少なくないから、どの大学でも、彼らの評価活動への責任ある参画を積極的に進めるべきだ。大学の自己点検・評価に役立つ資料やデータを系統的に収集したり分析したりする際にも、大学職員の協力と関与は不可欠である。

学生は学生による授業評価により、すでに公的な教育評価活動に部分的に参画している。授業に関するインフォーマルな情報がクラスやサークルなどの人的ネットワークを通じてキャンパス内に浸透しているのは、どの大学にもみられることである。しかし学生は大学が提供する大学教育の最も身近で、しかも直接の利害関係者であることや、教育評価の中核は学生の学習成果の観点からみた教育プログラムの評価であることなどを考えると、学生の評価活動への参加はきわめて重要なのである。

求められる大学と認証評価機関との協働

第七に、大学の自己点検・評価を中核にした大学主導の大学評価を実質的に定着させるには、各大学と大学基準協会や大学評価・学位授与機構などの認証評価機関との協働をこれまで以上に進めることが求められる。

日本の大学評価制度は、各大学が行う大学の自己点検・評価を、学外の第三者組織による大学評価や行政機関による大学評価、その他のマスメディアや企業や高校関係者などの利害関係者による大学評価がとりまく構造になっている。これらの学外の大学評価のうちとくに重要なのは、政府から一定の独立性を保った第三者組織による大学評価である。

大学と認証評価機関との協働を考える手がかりとして、アメリカにおける大学と適格認定協会との協働関係に注目してみよう。アメリカで日本の大学基準協会や大学評価・学位授与機構などの認証評価機関に相当する役割を果たしているのは適格認定協会である。というよりも、日本の認証評価機関はアメリカの適格認定協会を主要なモデルとして導入されたといった方が正確であり、その動向をたどってみることは日本の大学評価のあり方を検討するために非常に重要である。

適格認定(アクレディテーション)とは、高等教育において質の保証と改善のために大学や教育プログラムを精査する際に用いられる、学外の第三者による質の評価の過程(プロセス)を意味する言葉である。この適格認定を実施する適格認定協会には大きく分けると、地域別適格認定協会と専門分野別適格認定協会の二種類がある。

地域別適格認定協会は全米で六つあり、大学全体を評価の対象とする機関別評価を行う。大学が適格認定をえたい場合は通常、その所在地域を管轄する地域別適格認定協会に申請するので、協会同士は基本的に競合関係にはない。それに対して専門分野別適格認定協会は、全米レベルで医学や法学、工学、経営学、教員養成などの専門分野別に教育プログラムや学内組織(ユニット)を評価の対象とする専門分野別評価を行う。専門分野別適格認定はほとんどの場合、すでに地域別適格認定協会から認定を受けた大学を対象にするが、地域別適格認定協会とちがって、同じ専門分野に複数の協会があり、申請校をめぐって競合する場合もある。

適格認定協会は任意団体だが、連邦政府の援助や社会的信用を獲得するために、そのほとんどは連邦教育省(USDE)または高等教育適格認定協議会(CHEA)による認証を受けている。連邦教育省による認証は連邦政府が給付する学生奨学金の受給資格と結びついている。高等教育法により、連邦教育省による認証を受けた適格認定協会から認定された大学に在籍していなければ、学生は連邦政府の奨学金の受給資格がないからである。また高等教育適格認定協議会は適格認定協会の頂点に位置し、その代弁者の役割を果たす全米レベルの任意団体であり、認証を行う唯一の非政府組織でもある。高等教育適格認定協議会はすべての地域別適格認定協会をはじめ、六〇の適格認定協会を認証しており、そうした認証によって、適格認定活動の社会的意義を高めたり、適格認定協会やその認定を受ける大学や教育プログラムの正統性を確保したりすることをはかっている。

この適格認定協会の適格認定では従来、入学者の特徴や既存の資源、教育研究組織、施設設備などのインプット条件が重視されていた。しかし一九八〇年代以降、アカウンタビリティの考え方が浸透すると、それらのインプット面よりも、教育機関としての大学や教育プログラムの有効性や、学生が在学中に獲得した学習成果が重視されるようになる。とくに学生の学習成果を適切な根拠となる資料にもとづいて提示しなければ、教育機関としての大学や教育プログラムの有効性も証明されないことが広く認識され、適格認定協会は学生の学習成果に関する基準を評価項目に加えるようになった。

ところでこうした大学教育の成果に焦点をあてた評価の導入にともない、適格認定協会はその社会的な役割を変え、大学と協働して大学教育の改善にとりくむ姿勢を強めてきている。適格認定協会はそれまで、認定した大学名を公表することにより質の保証とアカウンタビリティに対処してきた。ところが近年、大学教育の成果、とくに学生の学習成果を証明する責任は大学だけでなく協会側にもあることが認識され、両者が協力して大学の自己点検・評価活動の仕組みを改善し、その客観性や透明性を高めるとともに、評価結果を大学教育の改善に活用することを目指すようになったのである（福留、二〇〇九年、一四八、一五一頁）。

日本の認証評価の問題点の一つは、その目的があいまいなことである。しかし日本の認証評価を適格認定、つまり設置認可された大学がその教育研究などの水準を自主的に向上させ、日本の大学として、あるいは国際的通用力のある大学としてふさわしい状況にあるかどうかを評価する大学評価として定着させる必要があるとしたら、日本の大学評価でも、こうした各大学と大学基準協会や大学評価・学位授与機構などの認証評価機関との協働をこれまで以上に進める必要がある。というのは、学外の公的な第三者組織による大学評価は、大学連合組織や大学関係者などの主体性にもとづいた自主的な評価であることに意義があり、認証評価機関と大学との連携強化が強く求められているからである。

4 大学評価の改革の方向

大学主導の大学評価の定着

日本の大学改革にとって、日本の大学にふさわしい大学主導の大学評価を実質的に定着させることはきわめて重要な課題である。そのためにこの章では、日本の大学評価制度の概要をまとめるとともに、大学の自己点検・評価の改革課題について整理した。これまでの分析の結果と具体的な提言のポイントを要約すると、大学の自己点検・評価を中核とした大学主導の大学評価を実質的に定着させるためには、次の点に留意する必要がある。

まず第一に重要なのは、大学の自己点検・評価を含めた大学評価の意義や効用を、大学管理者や大学教員、大学職員、学生などの大学構成員が広く共有することである。第二に、大学の自己点検・評価を学外から要請されるさまざまな大学評価と連動させ、その準備を進めることも兼ねた評価活動として位置づけるとともに、大学の自己改革に役立つ独自の自己点検・評価を実施する実質的な実施体制を学内で整備する必要がある。

第三に、大学の自己点検・評価では当面、教育評価に焦点を合わせて、評価の主な対象を専門分野や専攻、あるいは課程が提供する組織的な教育プログラムにし、その成果を評価する際には学生の学習成果、つまり学生が在学中に獲得した知識や技能、態度を評価する指標を中心に評価指標を設定する必要がある。なお一人ひとりの大学教員ではなくて、組織的な教育プログラムの成果を評価するという考え方は、とくに個人を対象にした評価の導入に消極的で慎重な日本の大学関係者にとっては実現しやすい、大学教育の改善策の一つであるように思われる。

第四に、大学評価では全学レベルの大学評価が基本だが、実質的な大学評価を定着させるためには、大学の自己点検・評価の具体的な作業では、なによりもまず学部や研究科などを基本的な組織単位にした評価を実施し、その評価結果を集約した上で、それらを積み上げて全学的な評価結果をまとめる方式が実施しやすいように思われる。これはとくに複数の学部や研究科をもつ中・大規模大学にあてはまることである。

第五に、大学基準協会や大学評価・学位授与機構などの認証評価機関は、認証評価の目的が適格認定であることを明示するとともに、大学と協働して大学教育の改善にとりくむ方向を目指すべきである。そのために必要な財政基盤と人員体制の整備も、加盟大学と協働して解決することが望まれる。というのは、学外の公的な第三者組織による大学評価は、大学のみならず社会にとっても、大学連合組織や大学関係者などの主体性にもとづいた自主的な評価であることに意義があるからである。

大学評価の改革課題：実績による資金配分政策

大学主導の大学評価を実質的に定着させるためには、この他にもさまざまな解決すべき課題がある。ここでは日本の大学改革にとって主要な先行モデルの一つであるアメリカにおける経験も参考にしながら、実績による資金配分政策の問題と評価方法をめぐる課題についてとりあげてみよう。

アメリカでは八〇年代以降、州政府がアカウンタビリティの考え方を強化し、大学に対して州の財政援助にみあった成果を強く求めるようになった。実績による資金配分（パフォーマンス・ファンディング）はその一環として、州政府の多くが九〇年代に入ってから、大学教育の質の向上をはかるために導入した政策である。導入当初は必ずしも十分な成果がえられないため批判にさらされたが、州の厳しい財政事情を反映して、二一世紀に入るとあらためて注目されるようになった。

この資金配分政策は州立大学を対象に各大学が過去に達成した実績にもとづいて予算配分を行う施策で、個別大学の実績評価と予算配分を連動させた大学政策である。実績評価の主な対象は学部教育の教育活動であり、その達成を測る評価指標として学生の卒業率や転学率、単位取得状況、大学教員の授業負担、学生の満足度などが使われる。また実施中の州では、高等教育予算総額の約一～六％がこの実績による資金配分にもとづいて配分されている(Burke, 2002, p.459；Miao, 2012, pp.2-3)。

国立大学を対象にした実績による資金配分政策　日本についてみると、実績による資金配分は政府機関による大学評価のうち、文部科学省に置かれた国立大学法人評価委員会による評価において、その導入が試みられた(北原、二〇一二年、一八〇―一八三頁)。国立大学法人評価では、中期目標・中期計画の業務実績に関する評価があり、その評価結果は次期の中期目標・中期計画や予算措置に反映される。評価結果を運営費交付金に反映することは国立大学法人法のなかでは明確に定められていないが、既定路線として制度設計が進められていたと考えられる。また中期目標・中期計画の各事業年度の業績実績調査では、学内の予算配分でも実績による資金配分の仕組みを導入することが奨励されている。

第一期中期目標期間（二〇〇四～二〇〇九年度）の国立大学法人評価では、その評価結果を第二期（二〇一〇～二〇一五年度）の中期目標等の内容や運営費交付金等の算定に反映させるために、四年間が経過した時点の進捗状況を評価する「暫定評価」が二〇〇八年に実施され、さらに六年間の第一期終了時点の二〇一〇年に簡略な形式の「確定評価」が行われた。評価結果の予算への反映は、第二期の初年度である二〇一〇年度の国立大学法人運営費交付金の配分に、各大学の暫定評価の結果を反映する形で実施された。具体的には、各大学の運営費交付金のうち一般管理費の予算額の一％相当額を評価反映分の財源（財源拠出額）として一旦拠出し、それに各大学の評価結果にもとづいて算出した実績の総合評価を示す「評価反映係数」を乗じて再配分額を求めた上で、再配分額と財源拠出額との差を「評価反映分」としたのである。

こうした措置により、評価反映係数は奈良先端科学技術大学院大学が最も高く、全体として医科系大学や有名銘柄単科大学、旧制帝国大学系大学などが上位を占める結果になった。しかし評価反映分が最も増額されたのは東京大学の二五〇〇万円で、東京工業大学一六〇〇万円、京都大学一三〇〇万円などが続いた。その一方で最も減額されたのは琉球大学の八〇〇万円であり、信州大学七五〇〇万円、弘前大学七〇〇万円などであった。評価反映分が増額の大学は二六校、ゼロで増減なしの大学は一四校、減額の大学は四六校を数えた（旺文社教育情報センター、二〇一〇年、四―五頁）。

実績による資金配分政策の課題　この文部科学省が実施した実績による資金配分政策については、

評価反映係数にもとづく評価結果の反映方法が不明確であることや、評価はほぼ大学全体を対象にしたにもかかわらず、評価結果は運営費交付金のみに反映されたため、評価対象と評価結果の反映対象とが一致していないこと、評価作業の負担が大きいことなど、国立大学協会をはじめ、さまざまな大学関係者の立場から問題や疑問が指摘された。また財源拠出額の総額が一六億円と少額だったこともあって、この政策の導入が国立大学の改善にどの程度効果的に作用するのか、その政策効果に対する疑問もみられた。

同じような問題や疑問は先行するアメリカの州政府の大学政策でもくりかえし指摘されている（江原、二〇一〇年、二六五頁）。実績による資金配分政策を支持する州議会や企業などの立場からみれば、その長所は大学教育の結果や成果を重視していること、政策目標を確定し優先順位をつけられること、アカウンタビリティの要請に対処できること、大学教育を改善する潜在力があること、大学に自由裁量できる資金を与えられることなどである。

しかしそれと同時に、当事者である大学管理者や大学教員を中心に批判も少なくない。彼らの目からみると、そうした政策は大学の制度的自律性や大学の自治に対する不当な干渉であり、実績評価のための調査の実施や書類作成などといった繁雑な作業が増えた割には、大学教育は目にみえる形で改善されない。実績による資金配分政策が学部教育の改善に役立ったことを示す体系的な研究もほとんどないという。また実施上の問題点として、この政策の実施について学内で合意を形成することが難しいこと、複雑な大学教育や学生の学習の質を適切に測定する評価指標が未開発なこと、州議会や企業、学生や保護者の意向を反映しやすい顧客中心のアカウンタビリティだけでは大学教育の質を確保できないことなども指摘されている。

さらに州政府の大学予算の大部分は現在でも在籍学生数を基礎にして配分されるから、実績による資金配分を実施しても、実際には大学間でそれほど大きな格差が生まれるわけではない。しかしたとえその比率は低くても、州政府が各大学への予算配分をその大学の大学教育の改善度に応じて決めるようになったのは、きわめて大きな変化だといってよい。というのも、この政策の導入により大学教育に対する学外の州政府の影響力が強まり、大学独自の自立的な改革をそれまでよりも強く規制するようになったからである。

日本の大学関係者にとって、実績を基盤にしたアカウンタビリティの実施はもとより、アカウンタビリティの考え方自体も経験の蓄積が乏しい領域である。

アメリカの動向をたどってみても、実績による資金配分政策にはさまざまな問題や課題があり、決して円滑に進められてきたわけではない。日本の「小さな政府」が今後も同じ政策の実施を継続して目指すとしたら、アメリカの経験を「合わせ鏡」にしながら、慎重に試行することが強く望まれる。また大学によっては、実績による学内の資金配分政策を導入する動きもみられるが、仮にそうした政策が実施されるにしても、それぞれの大学にふさわしい方法が定着するのは、当分先のことのように思われる。

大学評価の改革課題：適切な評価手法の開発

大学主導の大学評価の定着にとって、科学的な吟味に耐えられるような大学評価の原理や適切な評価手法の確立は重要な課題である。

研究評価の評価手法　大学評価の評価項目のなかで、研究評価は評価手法が比較的確立しているといわれる。しかし研究活動の評価には、自然科学系でも人文社会科学系でも問題や課題が山積している。たとえば研究評価、とくに個別の研究の評価には同僚評価（ピア・レビュー）、つまり専門分野の専門家による専門性の判断を反映させるべきだが、審査員が変われば結果が大きく変わることがあり、必ずしも信頼性は高くない。同僚評価における評価基準も一様ではなく、とくに人文社会科学系の組織単位の研究評価では、専門分野による違いだけでなく、実際には評価対象の組織に所属する研究者の年齢や経験の有無、組織の規模や国際性の度合いなどに応じて、多様な評価が要請される。

評価結果を研究費配分政策と結びつける場合には、さらに研究活動に直接携わっていない議会や行政当局、大学などの意向も評価結果を大きく左右することになりやすい。同僚評価は先進的な研究課題や学際領域などの研究評価では必ずしも適切に機能しないとか、評価基準から研究成果の実用性が除外されやすいことなども問題になっており、より信頼性を高めるために、客観的で数値化できる評価手法の開発や専門外の評価者の参加なども求められるようになってきている。

教育評価の評価手法　このように研究評価の評価手法にもさまざまな解決すべき問題や課題がある。しかしそれに比べても、教育評価の評価手法の開発はいっそう発展途上の段階にあり、大学評価研究が比較的盛んなアメリカでも事情はそれほど変わらない。アメリカの教育評価では従来、個々の大学教員が行う授業の評価を中心に評価手法の開発が進められてきた。そのうち最も広く使われ、評価手法としての適切性や妥当性などの研究も行われてきたのは、日本でも広く普及しているアンケート調査形式の学生による授業評価である。

その他に同僚教員による授業評価も、科目の教育内容や目標、授業の構成や教材などといった大学教育の組織的な評価に威力を発揮する評価手法として注目され、その開発と研究も進められている。ティーチング・ポートフォリオ(教育業績記録)は大学教員が自分の授業や教育改善に費やす努力や実績をまとめたものを総称する言葉であり、授業の自己改善を主な目的にしているが、教育評価や教員評価の資料としての活用も期待されている。

ところが大学教育の評価では近年、課程や学科、学部などの組織単位でとらえた大学教育を改善して教育の質を保証する仕組みの構築が重視され、そのための適切な教育評価の原理や評価手法の開発がいっそう強く求められるようになった(Braskamp and Ory, 1994, pp.12-13)。アメリカの適格認定協会の教育評価ではそれまでも、教育機関全体と専門分野別教育プログラムの評価が基本であった。州政府も個々の授業の登録学生数などをチェックすることにより教育プログラム評価を行ってきた。また各大学でも課程や専攻、あるいは学科や学部(カレッジ、スクール)の教育プログラム評価を行ってきているが、評価の基本的な単位をそうした組織レベルの教育プログラムにして、その教育成果を学生の学習成果を中心に評価する教育評価の原理を確立したり、より洗練された信頼性と妥当性の高い評価手法を開発したりすることが、いっそう強く求められるようになったのである。

そのためさまざまな教育実践や研究が行われているけれども、アメリカの大学教育で一般的に公認されるような大学評価の原理や評価手法が定着するのは、当分先のことのように思われる。たとえばすでに述べたように(一五七頁を参照)、学生の学習成果は直接評価と学習過程の評価としての間接評価を適切に組み合わせることによってとらえることができるのはまちがいないにしても、その体系的で具体的な手続きを実現するまでには多大なエネルギーと試行錯誤が必要だろう。通常個人単位で収集される学生の学習成果を課程や専攻、あるいは学科や学部などの組織単位でみた学習成果の評価指標に的確に変換する方式も確立しているわけではない。

学生の学習成果を教育課程や教育方法、施設設備などといった学生の学習に対する大学側の支援体制と関連させて評価する仕組みの構築も、個別の大学や同タイプの大学群、それから適格認定協会や全米カレッジ・大学協会(AAC&U)などの大学連合組織などによって試験的に進められている段階である。たとえばカリフォルニア州やハワイ州などを管轄する地域別適格認定協会のアメリカ西部地区適格認定協会(WASC)は、学位を授与する教育プログラムの教育目標や学習成果の公表、根拠資料の明示、評価結果の活用などといった、教育プログラムの評価に際して必要な要件を系統的にまとめるための教育効果指標目録(Inventory of Educational Effectiveness Indicators)や、教育課程を構成するすべての科目と学生が修了時に身につける学習成果との関連を体系的に提示するカリキュラム・マップなどのサンプルを、教育評価の有効な手段として会員校の大学に提供している。また学生が大学教育を受けることにより直接獲得した学習成果のなかでも標準化や数量化が難しい学習成果、たとえば卒業論文や卒業研究、実技や芸術作品、価値観や態度などを評価する質的な評価手段として、ルーブリック、つまり学習成果の基準と水準を数段階に分けて記述することにより学生の達成度を判断する評価基準表の導入と普及をはかっている(ウォルフ、二〇一二年、二一一—二一四頁)。

教育評価と大学教育の質保証制度　国際比較の観点からみると、各国の大学教育の質保証制度は大きく二つのタイプに分かれる(ゴンザレス・ワーヘナール、二〇一二年、七—九頁)。一つは参照基準としてのコンピテンスと学習成果を定義することで、大学教育の範囲と水準にゆるやかな標準性をもたせるタイプで、欧州高等教育圏の確立を目指す欧州の国ぐににみられる制度である。それに対して、もう一つは大学の多様性と自律性を重視し、各大学が設定した独自の教育目標を着実に達成したかどうかを事後に確認することにより大学教育の質を保証するタイプで、適格認定協会が発展したアメリカに典型的にみられる制度である。

しかしそうした参照基準による大学教育の標準化に根強い反発があるアメリカでも、ルミナ財団が作成した「学位資格プロフィール（ＤＱＰ）」のように、大学教育のゆるやかな標準化を模索する試みが進められている。同財団は学生の学習成果の内容を、五〇〇校を超える大学の調査結果にもとづいて大学間や学部間で調整し、それらを学位別（準学士、学士、修士）に、五領域（専門的知識、幅広い統合的知識、知的技能、応用的・協働的学習、市民・グローバル学習）に分けて、学生の立場から「〜できる」という表現で分かりやすくまとめている（Lumina Foundation for Education, 2011, pp.17-20）。

このような試みはアメリカでも始まったばかりであり、先行きはきわめて不透明である。それは日本も同じであり、一般的に公認されるような大学評価の理論や方法が開発されるのは、当分先のことになるだろう。というよりも、日本の大学関係者にとって大学評価の意義や効用をはじめ、実績を基盤にしたアカウンタビリティの実施や適切な評価手法の開発など、経験の乏しい領域は少なくない。

したがって今求められているのは、なによりもまず自分の大学にふさわしい大学の自己点検・評価の仕組みを構築し、着実に実施していくことであるように思われる。それはどの大学にとってもあてはまることであり、そうすることによって大学の将来ははじめて建設的なものになるのではないか。評価の厳密性や正確性にこだわるよりも、評価という契機を通して、大学の教育や研究、社会サービスが今よりも活発になり、着実に改善されていくことの方がはるかに重要なのである。

第五章

日本の大学改革のゆくえ

不可欠な大学の制度的自律性の確保

これまでの考察をふまえて、日本の大学改革のゆくえを三つのポイントに分けて展望してみよう。

三つのポイントとは、①大学が教育や研究、社会サービス（社会貢献）などの社会的役割を主体的に果たすには、社会における大学の制度的自律性がある程度確保される必要があること、②政府の大学政策のポイントは、日本社会にふさわしい明確な将来構想（グランドデザイン）にもとづいた大学政策を立案し、着実に実施していくこと、③現在の大学改革では政府の大学政策も重要だが、それと同時に、個別の大学における自立的、主体的な大学改革が強く要請されていることである。

第一のポイントは、大学が教育や研究、社会サービスなどの社会的役割を主体的に果たすには、社会における大学の制度的自律性がある程度確保される必要があることである。

大学のあり方を左右する社会変動の要素としてとりあげた社会のグローバル化や「小さな政府」の大学政策は、今後も日本の大学のあり方を大きく変えるように作用する。大学経営を健全化したり、さまざまな利害関係者の要求や要望に適切に対処したりすることも、大学にとってもちろん大切なことである。しかし大学が自らの社会的役割を十分に果たすためには、そうしたさまざまな背景や意向に過度に対応して、社会のいいなりになるのではなく、大学として主体的に意思決定し、さまざまな施策を実施することができる制度的な仕組みを確保しなければならない。

たとえば現在の「小さな政府」が実施している大学政策では、政府は一方で大学に対する規制を緩和して、大学の自主裁量を拡大させるとともに、他方で事後チェックや学外者による第三者評価などを導入して、大学に対する規制や統制を強化するようになった。しかし専門分野の研究者や学生が学外や学内の圧力や制限を受けずに自由に活動できなければ、専門分野の発展に役立つ優れた研究成果を生み出すことはできない。社会サービスも政府や企業などの限られた利害関係者の要求や要望に従うだけでは、かたよったものになる恐れが十分にある。

大学教育も学生が将来社会で活躍するのに役立つ知識を中心に行う必要があるので、その内容をどのようにするのかは、その知識が現在必要なのかどうかだけでなく、専門分野と社会のあり方に関する長期的な展望にもとづいて決められるべきである。その意味では、政府の規制や統制の強化は適切な範囲内で行われる必要がある。また大学自らが政府や社会に対して自立的、主体的に対応できる基盤となる新たな学内の意思決定の仕組みを再構築することも強く求められている。

明確な将来構想にもとづいた大学政策の立案と実施

第二に、政府の大学政策のポイントは、日本社会にふさわしい明確な将来構想(グランドデザイン)にもとづいた大学政策を立案し、着実に実施していくことである。

伝統的な近代大学と国民国家の政府との関係では、大学は国民文化を生み出し正当化することによって国の威信を守るように求められ、そのために政府から手厚い財政的な支援を受けてきた。ところが大学は近い将来、社会のグローバル化にともない、ますます弱体化する国民国家からの資金提供を大きく削減されることが予想される(レディング、二〇〇〇年、一九頁)。

もっともたとえ「小さな政府」の大学政策が今後さらに進展しても、政府が大学への関与を放棄することはないから、政府の大学政策が将来も大学のあり方を大きく左右することに変わりはない。また大学は初等中等学校や保健医療機関、あるいは刑務所などと同様に、もともと経済的に自立した私的企業とは異なる社会的役割をもつ非営利組織なので、公的資金が投入されなければ存続、発展できないことも、大学の重要な組織的特性である。

そうしたなかで政府の大学政策でなによりも望まれるのは、日本社会にふさわしい明確な将来構想を構築することである。それは大学の制度的自律性を尊重するとともに、政府が提供する財源の縮小やそれにともなう政府の役割の低下をふまえた上で、政府が果たすべき役割の範囲と責任を明確にした将来構想の構築である。いよいよ「冬の時代」をむかえた日本の大学に対して、政府は何を期待し、どのように向きあい、どのような役割を果たそうとしているのか。実現するあてのない方針や政策を書き連ねた提言や、将来の見通しを欠いた競争的な公的資金配分政策を超えた、日本社会にふさわしいイメージ豊かな将来構想を明晰に提示することが求められる。

アメリカは「小さな政府」の大学政策が最も顕著にみられる国の一つである。しかしそのアメリカでも、日本の株式会社立大学に相当する営利大学は、学校数でみるとたしかにこの三〇年ほどの間に急速に伸びているが、受け入れ学生数でみれば、その比率は小さく、しかもパートタイム就学を希望する年配の成人学生などの非伝統的学生を数多く受け入れている。それゆえ大学関係者の目からみれば、伝統的な非営利の大学は依然としてアメリカ社会にとって最も重要な人材育成装置であり、しかも営利大学と共存できると考えられているのである(ブレネマン他、二〇一一年、一二一一五頁)。また近年の連邦政府や州政府の政策のなかで大学政策の優先順位は決して高くはないけれども、非営利の高等教育機関への財政援助の意義はそれなりに大学政策に反映されているといってよいだろう。

日本の行政主導の大学改革では、八〇年代後半以降、とりわけ九〇年代に入ってからさまざまな改革が進められてきたが、実際には目前の制度改革にふりまわされてきたようにみえる。しかし明確な将来展望がないまま、パッチワークのように個別の事業をつぎあわせても、日本の高等教育の発展にとって望ましい成果はえられない。いま日本で求められているのは、これまでの大学改革を幅広い視野から日本社会の文脈に即して系統的に把握して、その特徴と課題を明らかにするとともに、それをふまえて多くの人びとが議論に参加することにより、二一世紀日本の高等教育の将来構想を構築し、それにもとづいて改革の具体的な方針や方策を確立し、着実に実施していくことである。

大学が主導する自立的、主体的な改革の推進

第三に、現在の大学改革では政府の大学政策も重要だが、それと同時に、個別の大学における自立的、主体的な大学改革が強く要請されている。各大学はその理念や改革の基礎になる手持ちの資源や条件をふまえて、自らにふさわしい改革を独自に進める必要がある。

そのために各大学の管理運営は大学構成員、とくに大学教員の考え方や意思決定を重視する同僚制的管理運営から、大学の経営責任がある理事会の理事や学長とか副学長などの上級大学管理者の権限が強い企業経営的管理運営へ変化することを期待されている。大学経営陣の権限を強化するとともに、その責任の範囲を明確にした仕組みを構築すれば、学外の環境変化に対応した大学の舵取りを迅速に行うことができると考えられているからである。

ところで個別の大学において実質的な大学改革を実施するためには、全学レベルの将来構想の構築ももちろん重要だが、それよりもまず学部や研究科などを基本的な組織単位にした改革を実施し、それを積み上げて全学的な大学改革としてまとめる方式が実施しやすいように思われる。というのも、大学は基本的に専門分野に自律性をもたせる分権的な組織編成によって成り立っているが、大学における革新は多くの場合、学科や学部、研究所、センターなどの下位組織で生まれる「草の根的な」革新であり、それらが積み重なって大学組織全体が変わってきたからだ。

また実質的な改革を実施するためには、大学全体の理念や目標を理解するとともに、改革の基礎になる手持ちの人的・物的資源や条件の状況が分かる(はずの)ミドルマネジャー、つまり各学部や研究科などの執行部と、全学組織を構成する各部局の部次長クラス、あるいは課長クラスまで含めた大学管理者の権限を強化して、彼らが責任のある改革を状況に応じて柔軟に遂行できる仕組みを構築する必要があるだろう。そしてそのためには、そうした大学の管理運営ができるミドルマネジャーを育成する仕組みを大学が導入することも要請される。これはとくに複数の学部や研究科などをもつ中・大規模大学にあてはまることである。

さらにこうした個別の大学における自立的、主体的な改革の定着は、各大学の自助努力だけでなく、学外の条件によっても大きく左右される。たとえば日本にはさまざまな大学連合組織、つまり大学タイプ別の大学連合組織や、大学基準協会や大学評価・学位授与機構などの適格認定協会、大学コンソーシアム京都のような地域をベースにした大学連合組織などがある。それらの大学連合組織は、政府と個別の大学との間に位置する緩衝装置（バッファー）として、これまで以上に大学との連携を深め、長期的な観点から日本の大学教育の質の維持・向上に積極的に寄与することをはじめ、さまざまな大学の改善にとりくむ方向を目指すことが強く望まれる。

引用・参照文献

天城勲・慶伊富長編『大学設置基準の研究』東京大学出版会、一九七七年。

天野郁夫『国立大学・法人化の行方―自立と格差のはざまで』東信堂、二〇〇八年。

天野郁夫『大学改革を問い直す』慶應義塾大学出版会、二〇一三年。

R・A・ウォルフ「Key Trends for Quality Assurance in the United States Today」大学基準協会編『アウトカム・アセスメントの構築に向けて―内部質保証システム確立の道筋―』(大学評価シンポジウム報告書)大学基準協会、二〇一二年、一一―二八頁。

江原武一『現代アメリカの大学―ポスト大衆化をめざして』玉川大学出版部、一九九四年。

江原武一「大学の管理運営改革の世界的動向」江原武一・杉本均編著『大学の管理運営改革―日本の行方と諸外国の動向―』東信堂、二〇〇五年、三―四五頁。

江原武一『転換期日本の大学改革―アメリカとの比較』東信堂、二〇一〇年。

旺文社教育情報センター「二二年度　国立大学法人運営費交付金情報」旺文社教育情報センター、二〇一〇年(http://eic.obunsha.co.jp/resource/topics/ 1004/0401.pdf、二〇一四年一〇月一〇日)。

大﨑仁『国立大学法人の形成』東信堂、二〇一一年。

大﨑仁「国立大学法人制度の変容」『IDE(現代の高等教育)』(大学法人化一〇年)五六一号、二〇一四年六月号、ＩＤＥ大学協会、二〇一四年、三五―四一頁。

大場淳「大学のガバナンス改革―組織文化とリーダーシップを巡って」『名古屋高等教育研究』第一一号、二〇一一年、二五三―二七二頁。

大場淳「大学職員の位置」広田照幸(代表)『組織としての大学―役割や機能をどうみるか』(シリーズ大学六)岩波書店、二〇一三年、一四五―一六八頁。

金子元久『大学教育の再構築―学生を成長させる大学へ』(高等教育シリーズ一六〇)玉川大学出版部、二〇一三年。

河井亨「アクション・ラーニングについての方法論的考察」『名古屋高等教育研究』第一二号、二〇一二年、一三五―一五四頁。

北原和夫編「大学における教育研究活動の評価に関する調査研究」東京理科大学大学院科学教育研究科北原和夫研究室、二〇一二年。

北原和夫「日本学術会議における参照基準の策定作業」『ＩＤＥ(現代の高等教育)』(大学教育のアウトカム)五六〇号、二〇一四年五月号、ＩＤＥ大学協会、二〇一四年、二七―三一頁。

北村友人・杉村美紀編『激動するアジアの大学改革―グローバル人材を育成するために』(上智大学新書〇〇二)上智大学出版、二〇一二年。

工藤潤「大学基準協会がめざす認証評価―内部質保証システムを構築するための条件」『ＩＤＥ(現代の高等教育)』(設置認可と認証評価)五五一号、二〇一三年六月号、ＩＤＥ大学協会、二〇一三年、四一―四五頁。

慶伊富長編『大学評価の研究』東京大学出版会、一九八四年。

合田隆史「認証評価の仕組み」『ＩＤＥ(現代の高等教育)』(大学の評価と質の保証)四六四号、二〇〇四年一〇月号、民主教育協会、二〇〇四年、五―一〇頁。

肥塚浩「非営利組織経営と大学マネジメント」宮内拓智・小沢道紀編著『ドラッカー思想と現代経営』晃洋書房、二〇一〇年、七九―九〇頁。

J・ゴンザレス・R・ワーヘナール、深堀聰子・竹中亨訳『欧州教育制度のチューニング―ボローニャ・プロセスへの大学の貢献』明石書店、二〇一二年。

P・M・センゲ、枝廣淳子・小田理一郎・中小路佳代子訳『学習する組織―システム思考で未来を創造する』英治出版、二〇一一年。

大学評価・学位授与機構「進化する大学機関別認証評価―第一サイクルの検証と第二サイクルにおける改善」大学評価・学位授与機構、二〇一三年。

高田英一「大学評価を基礎とするIR―九州大学大学評価情報室における試行的取組について」『IDE(現代の高等教育)』(大学評価とIR)五二八号、二〇一一年二―三月号、IDE大学協会、二〇一一年、三五―三九頁。

高間邦男『学習する組織―現場に変化のタネをまく』(光文社新書二〇七)光文社、二〇〇五年。

瀧澤博三「認証評価の課題と展望―いくつかの論点を巡って」『IDE(現代の高等教育)』(設置認可と認証評価)五五一号、二〇一三年六月号、IDE大学協会、二〇一三年、四六―五〇頁。

舘昭「国際的通用力を持つ大学評価システムの構築―『認証評価』制度の意義と課題―」『大学評価・学位研究』第三号、五―一九頁、二〇〇五年。

N・M・ティシー・N・カードウェル、一条和生訳『リーダーシップ・サイクル―教育する組織をつくるリーダー』東洋経済新報社、二〇〇四年。

中央教育審議会「学士課程教育の構築に向けて」中央教育審議会、二〇〇八年。

中井俊樹・鳥居朋子・藤井都百編『大学のIR Q&A』(高等教育シリーズ一六一)玉川大学出版部、二〇一三年。

中原淳『駆け出しマネジャーの成長論―七つの挑戦課題を「科学」する』（中公新書ラクレ四九三）中央公論新社、二〇一四年。

日本学術会議「大学教育の分野別質保証の在り方について」日本学術会議、二〇一〇年。

沼上幹『組織戦略の考え方―企業経営の健全性のために』（ちくま新書三九六）筑摩書房、二〇〇三年。

沼上幹『組織デザイン』（日経文庫一〇二三）日本経済新聞社、二〇〇四年。

沼上幹『経営戦略の思考法―時間展開・相互作用・ダイナミクス』日本経済新聞社、二〇〇九年。

濱名篤・川嶋太津夫・山田礼子・小笠原正明編『大学改革を成功に導くキーワード三〇―「大学冬の時代」を生き抜くために』学事出版、二〇一三年。

R・D・ハワード、大学評価・学位授与機構IR研究会訳『IR実践ハンドブック―大学の意思決定支援』（高等教育シリーズ一五五）玉川大学出版部、二〇一二年。

板東久美子「大学の設置認可と認証評価」『IDE（現代の高等教育）』（設置認可と認証評価）五五一号、二〇一三年六月号、IDE大学協会、二〇一三年、四―一一頁。

広島大学高等教育研究開発センター編『大学における教育内容・方法等の大学教育改革に関する調査分析』（平成二一年度　文部科学省先導的大学改革推進委託事業　事業成果報告書）広島大学高等教育研究開発センター、二〇一〇年。

広田照幸（代表）『対話の向こうの大学像』（シリーズ大学七）岩波書店、二〇一四年。

福留東土「米国高等教育におけるラーニングアウトカムに関する動向」『比較教育学研究』第三八号、二〇〇九年、一四五―一五八頁。

D・W・ブレネマン・B・パッサー・S・E・ターナー編、田部井潤監訳『ビジネスとしての高等教育―営利大学の勃興』人間の科学新社、二〇一一年。

K・ベイン、高橋靖直訳『ベストプロフェッサー』(高等教育シリーズ一四五)玉川大学出版部、二〇〇八年。

ホーン川嶋瑤子『スタンフォード　二一世紀を創る大学』東信堂、二〇一二年。

本田寛輔「アメリカのIRと日本への示唆」『IDE(現代の高等教育)』(大学評価とIR)五二八号、二〇一一年二―三月号、IDE大学協会、二〇一一年、一七―二五頁。

松下佳代「学習成果の能力とその評価―ルーブリックを用いた評価の可能性と課題」『名古屋高等教育研究』第一四号、二〇一四年、二三五―二五五頁。

宮田由紀夫『米国キャンパス「拝金」報告―これは日本のモデルなのか?』(中公新書ラクレ四一三)中央公論新社、二〇一二年。

両角亜希子・小方直幸「大学の経営と事務組織―ガバナンス、人事制度、組織風土の影響」『東京大学大学院教育学研究科紀要』第五一巻、二〇一一年、一五九―一七四頁。

文部科学省高等教育局大学振興課大学改革推進室「大学における教育内容等の改革状況について」文部科学省、二〇一三年。

D・A・ヤーギン・J・スタニスロー、山岡洋一訳『市場対国家・上、下―世界を作り変える歴史的攻防』日本経済新聞社、二〇〇一年。

山上浩二郎『検証　大学改革―混迷の先を診る』岩波書店、二〇一三年。

山﨑高哉「教育と学習」江原武一・山﨑高哉編著『基礎教育学』放送大学教育振興会、二〇〇七年、一一―二三頁。

山田勉「質保証は絵空事か―第二期認証評価実践上の課題」『大学評価研究』第一二号、大学基準協会、二〇一三年、四五―五八頁。

山田礼子『学士課程教育の質保証へむけて―学生調査と初年次教育からみえてきたもの』東信堂、二〇一二年。

山本眞一『大学事務職員のための高等教育システム論（新版）―より良い大学経営専門職となるために』東信堂、二〇一二年。

吉田文『大学と教養教育―戦後における模索』岩波書店、二〇一三年。

B・レディング、青木健・斎藤信平訳『廃墟のなかの大学』（叢書・ウニベルシタス六六一）法政大学出版局、二〇〇〇年。

H・ローダー他編、広田照幸他編訳『グローバル化・社会変動と教育1―市場と労働の教育社会学』東京大学出版会、二〇一二年。

The Association of American Colleges and Universities(AAC&U). *Liberal Education Outcomes: A Preliminary Report on Student Achievement in College*. Washington, DC: AAC&U, 2005.

Birnbaum, R."The End of Shared Governance: Looking Ahead or Looking Back." *New Directions for Higher Education*, No.127, 2004, pp.5-22.

Braskamp, L.A. and Ory, J.C. *Assessing Faculty Work: Enhancing Individual and Institutional Performance*. San Francisco: Jossey-Bass, 1994.

Burke, J.C. "Performance Funding." In Forest, J.J.F. and Kinser, K. (eds.). *Higher Education in the United States: An Encyclopedia*. Volume II. Santa Barbara: ABC-CLIO, 2002, pp.459-461.

Crellin, M.A. "The Future of Shared Governance." *New Directions for Higher Education*, No.151, 2010, pp.71-81.

Lumina Foundation for Education. *The Degree Qualifications Profile*. Indianapolis: Lumina Foundation for

Education, 2011.

Miao, K. "Performance-Based Funding of Higher Education: A Detailed Look at Best Practices in 6 States." Center for American Progress, 2012, pp.1-12 (http://files.eric.ed.gov/fulltext/ED535548.pdf、二〇一四年一〇月一〇日).

Rice, R.E. "Enhancing the Quality of Teaching and Learning: The U.S. Experience." *New Directions for Higher Education*, No.133, 2006, pp.13-22.

索　引

[著者紹介]

江原　武一（えはら　たけかず）

1941年生まれ。東京大学教育学部卒業。同大学大学院博士課程単位取得。教育学博士。比較教育学・教育社会学を専攻。東京大学教育学部助手、奈良教育大学教育学部助教授、京都大学大学院教育学研究科教授を経て、現在、立命館大学教育開発推進機構教授。

編著書

『現代高等教育の構造』（東京大学出版会、1984年）、『国際化社会の教育課題』（共編著、行路社、1987年）、『現代アメリカの大学』（玉川大学出版部、1994年）、『大学のアメリカ・モデル』（玉川大学出版部、1994年）、『自己意識とキャリア形成』（共編著、学文社、1996年）、『大学教授職の国際比較』（共編著、玉川大学出版部、1996年）、『多文化教育の国際比較』（編著、玉川大学出版部、2000年）、『世界の公教育と宗教』（編著、東信堂、2003年）、『大学院の改革』（共編著、東信堂、2004年）、『大学の管理運営改革』（共編著、東信堂、2005年）、『基礎教育学』（共編著、放送大学教育振興会、2007年）、『転換期日本の大学改革』（東信堂、2010年）、『現代教育改革論』（共編著、放送大学教育振興会、2011年）。

翻訳書

『リースマン 高等教育論』（共訳、玉川大学出版部、1986年）。

大学は社会の希望か —大学改革の実態からその先を読む

2015年２月20日　　初版　第１刷発行　〔検印省略〕

定価はカバーに表示してあります。

著者©江原 武一／発行者 下田 勝司　　印刷・製本／中央精版印刷

東京都文京区向丘 1-20-6　　郵便振替 00110-6-37828

〒113-0023　TEL (03) 3818-5521　FAX (03) 3818-5514

発行所 株式会社 東信堂

Published by TOSHINDO PUBLISHING CO., LTD.

1-20-6, Mukougaoka, Bunkyo-ku, Tokyo, 113-0023, Japan

E-mail : tk203444@fsinet.or.jp　　http://www.toshindo-pub.com

ISBN978-4-7989-1285-1 C3037